成长中的教育家

郑风连签

中国教育技术协会中小学外语教育信息化应用工作委员会"十四五"规划课题
"基于学科素养的初中英语课本剧教学模式研究"（课题立项号069）

初中英语课本剧教学模式研究

崔秀梅◎著

吉林大学出版社

·长春·

图书在版编目（CIP）数据

初中英语课本剧教学模式研究 / 崔秀梅著. -- 长春：
吉林大学出版社，2024. 9. --（成长中的教育家 / 姜晓
波主编）. -- ISBN 978-7-5768-3697-4

Ⅰ. G633.412

中国国家版本馆CIP数据核字第2024UQ2201号

书　　名	初中英语课本剧教学模式研究
	CHUZHONG YINGYU KEBENJU JIAOXUE MOSHI YANJIU
作　　者	崔秀梅
策划编辑	朱　进
责任编辑	朱　进
责任校对	范　爽
装帧设计	王　强
出版发行	吉林大学出版社
社　　址	长春市人民大街4059号
邮政编码	130021
发行电话	0431-89580036/58
网　　址	http://www.jlup.com.cn
电子邮箱	jldxcbs@sina.com
印　　刷	三河市龙大印装有限公司
开　　本	787mm×1092mm　　1/16
印　　张	13.5
字　　数	200千字
版　　次	2025年1月　第1版
印　　次	2025年1月　第1次
书　　号	ISBN 978-7-5768-3697-4
定　　价	88.00元

序　言

　　接到崔秀梅校长让我为她的这本书学科教学专著写个序时，我很爽快地就答应了。一是因为崔校长这本专著是关于英语学科教学方向的，英语教学是自己一生的专业，能借写序的机会首先拜读，何乐而不为？二是因为跟崔校长相识已久，从她在烟台开发区实验中学当老师起，到后来提拔为学校中层，再提拔为开发区六中校长，直到现在担任开发区一中校长，我都一直比较关注这样一位优秀英语同行的专业发展与职业进步，现有阶段性教学研究成果面世，可喜可贺。三是因为这本专著的研究成果源自崔校长主持的一个国家级课题《基于学科素养的初中英语课本剧教学模式研究》，而这个课题是我目前主持研究的中国教育技术协会"十四五"规划课题的一个子课题，因此，为崔秀梅校长的这个成果出版写几句话，义不容辞。

　　课本剧对中学英语教师来说，应该并不太陌生，我们烟台市前几年也连续举办过几届的全市课本剧表演大赛，但在我的印象中，崔秀梅校长进行课本剧教学的研究与尝试可能更早一些，应该是她在开发区实验中学的一线教学时就已经开始有所涉猎，所以算起来大概应该有十几年的时间了。能用如此之长的时间坚持研究推进初中英语课本剧这一教学模式，说明了崔校长对英语教学改革的决心和恒心，也说明研究探索课本剧教学模式所蕴含的学科价值与意义。

2022版义务教育英语课程标准倡导英语教学活动观。教学活动是一个比较宽泛的概念，我们可以狭隘地把课堂问答、小组合作、讨论辩论等课堂活动看作是教学活动，但这只是局限于学习理解类的教学活动，本书所研究的英语课本剧，则应该算是应用实践类活动，这类活动，旨在将语言知识转化为语言能力，学生通过有意义的口头语言训练，能更有效地巩固所学知识，形成语言技能，因此，课本剧这一教学模式对于英语学习具有更重要的现实意义。

在我看来，本书对课本剧这一教学模式的研究和实践是最全面最扎实的。书中追溯了课本剧的起源，厘清了课本剧的分类，剖析了课本剧的理论基础，介绍了国内外课本剧在教学中的应用，并结合多年来的课本剧教学实践，构建了"三段十环节"的初中英语课本剧教学新模式。从研究成效看，课本剧在提升学生的英语学习兴趣、转变学习态度、建立学习信心、提高听说能力等方面，都取得了卓有成效的教学效益。

所以，我相信，无论你是初中英语教师，还是英语教学研究学者，都能从本书中获得启发、思考和收获；我也相信，本书会激发广大英语同行在自己的课堂中尝试课本剧的教学实践；我还相信，受课本剧这一教学活动和模式的启发，会让我们迁移创新出更多的应用实践类和迁移创新类英语教学活动，助力英语教学更实用、更有趣、更高效。

我更愿意相信，这本书呈现的研究成果，只是崔秀梅校长对英语教学的执着追求和对教学管理的智慧思考之起点。

教育路漫漫，研究帆初扬，唯心中有梦，则前程必达。

烟台市教育科学研究院　王志强

2024年5月20日

前　言

随着我国教育事业的不断发展，初中英语的重要性日益提升，它不仅是基础教育的一部分，也是个人终身学习和发展的基石。在全球化加速和国际交流频繁的环境下，英语已成为世界上使用最广泛的语言之一，掌握英语能够为学生打开通往世界的大门，使他们能够接触更多的文化、知识和信息。对于正处在语言能力发展黄金时期的初中生而言，英语学习是培养语言能力和思维能力的重要方式，良好的英语水平能够为他们的高中乃至大学学习打下坚实的基础。在初中阶段，英语教学不仅仅是为了学生掌握一门外语，更是为了培养他们的语言表达能力、跨文化交流能力和批判性思维能力。我们应该高度重视初中英语教学，为学生提供优质的教育资源和良好的学习环境，助力他们在英语学习的道路上不断前行。

然而，现阶段的初中英语教学存在着一些明显的问题，例如教材内容和教学方法不够生动和富有趣味性，缺乏与学生日常生活和兴趣相关的内容，导致学生对英语学习的兴趣下降，难以保持长久的学习动力；教学过于注重应试技巧和考试成绩，而忽视了学生对英语的实际运用和兴趣培养，使学生对英语学习的价值和意义产生疑问，影响他们的学习效果和学习态度；有些教师注重灌输知识，而忽视了与学生的互动和引导，导致学生缺乏积极参与和主动思考的能力等。这些问题对初中英语教学和教育事业的整体发展产生了不利影响，也成为英语课程教育教学的研究重点，促使我们去探索和尝试科学有效的解决途径。

为此，本书从初中英语教学现状出发，结合国内外最前沿的教育科学理论，尝试性地提出了一种可应用于初中英语教学的课本剧教学模式。本书以课本剧教学的理论支撑和发展过程为基础，全面分析和论述了符合我国当前实际情况的初中英语课本剧教学方法，开拓了全新的英语课堂教学模式，希望能够为我国英语教学的研究与发展贡献一份力量。

由于本人水平有限，加之编写时间紧、任务重，书中难免存在错误和不妥之处，敬请广大读者批评指正。

崔秀梅

2024年5月21日

目 录

导　论

　　根据新课标的要求，英语课程的目标不仅在于提高学生的语言技能，更应培养学生的综合人文素养。这就要求英语课程具有工具性和人文性的双重性质，既要注重语言技能的教学，同时也要通过文学作品等方式培养学生的人文情怀。在这个背景下，课本剧的开发变得意义重大。

　　课本剧是立足教材，以教师为主导，以学生为主体结合课堂与课外，集"教、学、演"为一体的一种教学活动。[①]在英语课程教学中开展课本剧活动对于教学有很多积极的影响。课本剧能够活化教学，通过表演形式将课文内容真实而生动地呈现出来，使学生更容易理解和记忆。课本剧可以激发学生的学习兴趣，因为他们可以通过表演来展现自己的才华，增强自信心。课本剧突出了学生的主体地位，他们不再是被动接受知识，而是积极参与到教学过程中，这就提高了他们学习的积极性和主动性。通过课本剧活动，学生间的人际关系得到了加强，他们需要相互合作，共同完成表演，从而增强团队意识和合作精神。此外，课本剧还可以提升学生的英语综合运用能力，使学生听、说、读、写各方面的能力都得到了锻炼和提升。

[①]慈秋梅. 课本剧在初中英语教学中的作用[J]. 新教育时代电子杂志（学生版），2020（38）：179.

由此可见，课本剧活动是一种深受中学生喜爱的教学形式，在英语课程的教学中开展课本剧活动具有重要意义，这一教学方式符合新课标对英语课程的要求，也将对学生的综合发展产生积极的影响。

在这里，编者将详细梳理课题组在课本剧教学模式研究中的进展情况并全面探究课本剧对于当下教学活动的现实意义。

一、研究计划总体执行情况及子课题研究进展情况

1. 理论准备阶段

在准备阶段，课题组进行了大量的文献收集和研究工作，进一步明确了研究任务和方向。

通过文献收集，课题组发现国内针对课本剧研究的文献资料并不丰富。2008年前，国内课本剧相关的文献资料非常少。2008年后，国内陆续有了一定的课本剧研究的文献资料，但现有的研究多为理论研究，与课本剧相关的实践研究较少。因此，课题组进一步明确了将"如何在教学实践中归纳总结形成系统有效、可复制推广的英语课本剧教学模式"作为课题的研究方向。

此外，结合我校前期已有的课本剧教学资料和实践经验，课题组一致认为，将信息技术融入课本剧教学将不仅能够进一步引导学生采用多种学习方式，发挥自己的优势和特长，发现自己的兴趣和潜能，也能够极大地丰富课本剧教学形式，进一步实现个性化教学。

2. 调研分析阶段

为了全面了解学生的英语学习现状，课题组采用问卷调查、座谈会等多种方式进行了调研。

通过对学生信息化学习工具的调研，我们发现目前学生具备信息化自主学习的条件，满足开展信息技术支持下的英语教学活动的基础条件。此外，通过调研，我们发现学生存在英语学习兴趣不高、语言运用能力有待提高等问题。通过对高年级学生的数据进行进一步分析，我们发现高年级学生英语课堂参与度低，不是学生没有英语学习兴趣，而是缺乏内驱力。

课本剧教学能够让学生沉浸在丰富有趣的情境中，通过交流和展示等活动，调动学生学习英语的积极性，让学生感受学习英语的乐趣，增强学习效能感。因此，开展课本剧教学是培养学生英语核心素养的有效途径。

这些调研数据为我们开展信息技术支持下的初中英语课本剧研究指明了方向。课题组进一步确定了以开展英语课本剧教学的方式，激发学习兴趣、培养语言运用能力、提高自主学习能力的研究思路。

3.学习与实践阶段

（1）加强教师的信息技术应用能力提升培训

为扎实推进信息技术支持下的初中英语课本剧教学的策略研究，我校有效开展了多次多维度的教师信息技术应用能力提升的教育培训活动，提升了我校教师的信息技术应用能力，这为我校更好地开展信息技术支持下的初中英语课本剧教学研究提供了技术基础。

（2）开展信息技术支持下的初中英语课本剧教学赛课和评课活动

为深入有效地开展英语课本剧教学，教研组开展了多次赛课和评课活动，组内骨干教师率先开展英语课本剧展示课活动，并进行了扎实有效的课本剧教学研讨活动。通过骨干教师课本剧教学的示范引领，组内教师的课本剧教学能力逐步提高，实现了初中英语课本剧教学在学校内的初步推广。

（3）构建和扎实推进初中英语课本剧"三段十环节"的教学模式

通过长期扎实开展有效的初中英语课本剧教学的听评课和研讨活动，课题组归纳形成了系统有效、可复制推广的"三段十环节"的初中英语课本剧教学模式。为更好地在教学实践中检验课题组的研究成果，我校推进了"三段十环节"的初中英语课本剧教学模式在学校的教学实践。目前，英语课本剧在我校的教学实践中效果显著，实验学生英语学习兴趣显著提高，整体教学效益得到显著提升。因教学效益显著，我校课本剧的研究已进入区域内推广的阶段。目前，我校开展的初中英语课本剧的研究已经实现了从开发区六中向开发区一中的推广，教学效果明显。接下来，课题组的研究成果将实现进一步推广。

二、实验/调查研究及学术交流情况

1. 实验/调查数据整理运用

通过采用信息技术手段对课本剧教学效果进行多维度的数据分析，我们发现将信息技术融入课本剧教学，效果显著。

2. 文献资料收集整理

为更好地打开研究思路，课题组查阅了苏晶晶（2021）《用英语课本剧，构建灵动课堂——以小学英语为例》、王岩岩（2023）《课本剧在英语教学中的应用探析》、沈建美（2023）《课本剧在英语教学中的应用探索》、黄品源（2022）《课本剧对初中生英语学习动机的影响》、张琳（2018）《课本剧在初中英语教学中应用现状的调查研究》等文献资料。扎实的文献资料收集和整理为课题研究提供了坚实的理论基础。

3. 学术会议与学术交流

为更好地实现课题阶段性研究成果的推广，课题主持人在开发区一中做了初中英语课本剧教学的专题报告，在报告中剖析了开展课本剧教学的现实意义，并推广了"三段十环节"的课本剧教学模式，实现了课题研究成果的初步推广。

三、研究中存在的主要问题、改进措施及研究心得

1. 存在的主要问题

（1）教学实践程度较低；（2）信息化平台运用不规范；（3）研究成果不够细化；（4）课题推广范围小。

2. 改进措施

（1）加强课本剧教学实践

针对在课堂教学实施过程中，教师之间的进展程度不一样，实施深度也不同的问题，后期会逐渐深化课堂教学实践的展示和示范，通过课堂展示、成果推广等活动，推进研究实验的广泛实施。

（2）规范信息化工具运用

课题组将进一步规范教师信息化工具运用，确保课堂改革规范有序，提质增效。目前，实验教师信息化工具运用不统一。上级部门对有偿APP的加强管理及课题研究的实施提出了规范要求，将进一步统一平台管理，确保课堂改革规范有序，提质增效。

（3）细化研究成果

结合前期的研究成果，课题组将继续细化和梳理研究成果，撰写论文和研究报告。并进一步改进课本剧学历案，突出学科核心素养培养目标，研制有针对性的教学设计，细化低阶目标、高阶目标及目标分解。形成具有推广价值的一般经验和课本剧教学的实施方案与策略。

（4）实现更大范围的区域推广

目前，课题组带领的课本剧研究已实现了从开发区六中到开发区一中的成功推广。接下来课题组将继续推广课本剧研究的宝贵经验，带动区域内课本剧教学的发展，提升教学效益。

3. 研究心得

（1）教师信息技术应用能力显著提高

通过对教师信息技术使用情况进行调研和数据分析，课题组发现通过开展信息技术支持下的初中英语课本剧教学实践，教师的信息技术应用能力显著提高，在日常教学中注重利用信息技术手段辅助课本剧课下自主学习、课后答疑的教师比例明显增多。

（2）实现学生个性化培养

通过数据分析，课题组发现通过课本剧教学实践，学生英语课堂参与度显著提高，英语学习兴趣显著提升，学习成绩进步明显。此外，通过开展信息技术支持下的课本剧教学活动，学生的信息素养得到显著提升，多名学生的课本剧作品在市级平台获奖。

（3）初步实现了研究成果的生成和推广

通过对英语课本剧阶段性教学成果进行总结提炼，学校申报的《以中国文化为支柱的英语教学模式构建与实施》获山东省基础教育省级教学成果二等奖。此外，课题组进行了课本剧阶段性研究成果在区域内的初步推广。2023年9月，课本剧研究已从开发区六中推广到了开发区一中。目前，开发区一中进行了大量的课本剧的探索与教学实践，并开设了课本剧教学的校本课程。

四、课本剧教学研究的目的与意义

开展教学研究的意义在于多方面提升教育的质量与效果，有助于教师更深入地理解教学实践中的问题和挑战，通过深入研究教材、教学方法以及学生需求，设计出更符合学生认知规律的教学活动，从而优化教学效果并提升学生的学习体验。教学研究也是教师专业成长的重要途径，通过反思教学实践、总结经验，教师能够不断提升自身的教学水平和专业素养，并与同行交流合作，共同推动教育质量的提升。在应对快速变化的教育环境和学生需求时，教学研究还扮演着推动教育改革与创新的角色，教学研究能够探索新的教学理念、模式和方法，为教育改革提供理论支持和实践经验。

教学研究的核心目的是服务于学生的成长与发展，它关注学生的需求、学习特点和成长规律，旨在设计更符合学生需求的教学活动，促进学生的全面发展，并培养他们的创新精神和实践能力。

1.课本剧教学研究的目的

（1）提升学生的综合能力

课本剧作为一种综合性的实践活动，它要求学生不仅要理解文本内容，还要将其转化为生动的表演。这一过程中，学生需要锻炼自己的理解力、想象力、创造力、表演力和合作能力。课本剧教学研究的一个重要目的就是探索如何通过课本剧这一形式，有效地提升学生的这些综合能力。

（2）促进学生个性发展

每个学生都是独一无二的个体，他们有着自己的兴趣爱好和特长。课本剧提供了一个展示自我的平台，让学生在表演中展现自己的才华，体验成功的喜悦。通过课本剧教学研究，我们可以探索如何更好地利用这一平台，促进学生的个性发展。

（3）探索有效的教学方法

传统的教学活动往往注重知识的传授和记忆，而忽视了学生实践能力的培养。课本剧作为一种创新的教学方式，旨在将知识与实践相结合，让学生在活动中学习，体验学习的乐趣。

2. 课本剧教学研究的意义

（1）推动教育教学改革

在当前的教育背景下，培养学生的综合素质和实践能力已成为教育教学的重要目标。课本剧作为一种创新的教学方式，符合这一教育目标的要求。通过课本剧教学研究，我们可以推动教育教学的改革，探索更符合学生发展需求的教学模式和方法。

（2）丰富课程资源

课本剧以教材为基础，通过角色扮演、情景再现等方式，将教材内容生动地呈现出来。这不仅可以激发学生的学习兴趣，还可以丰富课程资源，使课堂教学更加生动有趣。

（3）培养学生的创新精神和实践能力

在课本剧的排演过程中，学生需要充分发挥自己的想象力和创造力，对文本进行深入的理解和诠释。同时，他们还需要通过表演将自己的理解表达出来，这既锻炼了学生的实践能力，又培养了学生的创新精神。

（4）促进学生的全面发展

课本剧教学不仅关注学生的知识学习，还注重学生的情感体验和人际交往能力的培养。在课本剧的排演过程中，学生需要与同伴进行合作，共同完成任务，这有助于培养学生的团队合作精神和人际交往能力。通过表演和观看表演，学生还可以体验到不同的情感状态，增强自己的情感体验能力。

课本剧教学研究的目的与意义在于提升学生的综合能力、促进学生个性发展、探索有效的教学方法，并推动教育教学改革、丰富课程资源、培养学生的创新精神和实践能力、促进学生的全面发展。由此可见，我们应进一步深入研究和推广课本剧教学，以更好地服务于学生的成长和发展。

第一章　课本剧概述

课本剧，这一结合了文学、戏剧和教育的教学形式，近年来在中小学教育领域逐渐得到重视和推广。它充分利用了戏剧的元素和形式，让学生在参与和体验中深入理解文本，提高学习效果，同时也在一定程度上丰富了教学手段，使课堂教学更加生动有趣。

第一节　课本剧的定义

课本剧是指以学生学习的课本（或课文）为蓝本，通过戏剧形式改编并演出的剧目。它结合了戏剧与教育教学方式，通过角色扮演、台词对话、场景布置等戏剧元素，让学生在参与和体验中深入理解并感受文本内容，提升学习效果。课本剧不仅丰富了教学手段，使课堂教学更加生动有趣，还能够激发学生的学习兴趣和创造力，培养他们的团队合作精神和表达能力。在课本剧的排演过程中，学生可以更深入地理解文本主题、人物性格和情节发展，提高文学鉴赏能力和综合分析能力。同时，通过角色扮演和表演，学生可以锻炼自己的语言表达能力和肢体语言技巧，培养自信心和表现力。课本剧是一种具有深远教育意义的教学方式，有助于促进学生的全面发展。

1. 国内外对于课本剧的理解与认识

课本剧作为一种融合了文学、戏剧和教育的教学方法，在国内外都受到了广泛关注。不同国家因其独特的教育体系、文化背景和戏剧传统，对课本剧的理解与实践方式各具特色。

在中国，课本剧被视为一种创新性的教学方法，旨在通过舞台表演的形式，深化学生对课文内容的理解。这种方式强调学生的参与和体验，让他们在角色扮演中感受文本情感，提升语言表达能力和创造力。

国内教育工作者普遍认为，课本剧能够激发学生的学习兴趣和主动性。通过参与课本剧的表演，学生能够更加深入地理解课文，掌握知识点。同时，课本剧还能够培养学生的团队合作精神和创造力，提升他们的综合素质。

在国外，尤其是美国和欧洲的一些国家，课本剧的应用更为广泛和深入。这些国家的教育体系更加注重学生的综合素质培养，因此课本剧作为一种能够锻炼学生多方面能力的教学方法，受到了广泛青睐。

在美国，课本剧被视为一种培养学生综合素质的戏剧活动。学生通过参与课本剧的表演，不仅能够深入理解文本内容，还能够提升自我表达、创造力和批判性思维等能力。美国的课本剧表演往往注重学生的主动性和创新性，鼓励他们在舞台上自由发挥，展现个性。

在欧洲的一些国家，如英国和法国，课本剧则拥有悠久的传统和深厚的文化底蕴。这些国家的课本剧表演更加注重戏剧性和表演技巧，追求高水平的艺术表现。学生需要通过对人物性格的深入挖掘和情感变化的细腻表现，来展现文本的魅力。同时，这些国家的课本剧也致力于培养学生的跨文化交流能力，让他们在表演中感受不同文化的碰撞与融合。

通过对比国内外对课本剧的理解与认识，我们可以发现，无论是国内还是国外，都认识到了课本剧在提升学生综合素质、促进教育创新方面的重要作用。通过课本剧的表演，学生们不仅能够更深入地理解文本内容，还能够锻炼自己的表演技巧、创造力和团队合作精神。

不同点则主要体现在对课本剧的定位和实践方式上。国内更注重课本剧在教学中的应用效果，强调其对学生学习的促进作用；而国外则更加注重课本剧在培养学生综合素质方面的价值，将其视为一种重要的教育手段。此外，在实践方式上，国内可能更注重课本剧的排练和表演过程，而国外则可能更注重学生的创造性和个性化表达。

国内外对课本剧的理解与认识为我们提供了宝贵的启示，我们应该充分认识到课本剧在提升学生综合素质方面的重要作用，将其纳入教学体系中并加以推广。还应加强对教师的培训和指导，提高他们的专业素养和组织能力，以确保课本剧的教学效果。此外，积极探索适合我国国情的课本剧实践模式也很重要，应结合学科特点和教学目标来选择合适的剧本和表演形式。

展望未来，随着教育理念的不断更新和教学方法的不断创新，课本剧将在国内外得到更广泛的应用和发展。我们期待看到更多优秀的课本剧作品涌现出来，为培养具有创新精神和实践能力的人才做出更大的贡献。同时，我们也期待通过国际交流与合作，共同推动课本剧的发展与进步，为全球教育事业的繁荣做出积极的贡献。

2. 课本剧的特点

课本剧作为一种特殊的戏剧形式，具备多个显著特点。这些特点不仅使课本剧在教育领域具有独特地位，也为其在舞台艺术上的表现提供了丰富的可能性。

（1）鲜明的教育性：课本剧的核心价值所在

课本剧最为显著的特点便是其鲜明的教育性。这种教育性不仅体现在内容的选择上，也体现在教学目的和效果上。课本剧以学生的学习课本内容为基础，通过改编和演绎，让学生在参与中深入理解文本，强化知识点记忆。这一过程中，学生不仅能够在角色扮演中体验人物情感，更能够在情节演绎中掌握文本的核心思想。

课本剧的教育性还体现在其寓教于乐的教学方式上。通过戏剧化的形式，课本剧将枯燥的知识点转化为生动的表演内容，使学生在轻松愉快的氛围中掌握知识。这种教学方式不仅提升了学生的学习兴趣，也改善了教学效果。

此外，课本剧的教育性还体现在其对学生全面发展的促进作用上。在参与课本剧的过程中，学生需要发挥创造力、想象力、语言表达能力和团队协作能力等多方面的能力。这些能力的锻炼和提升，对于学生的全面发展具有重要意义。

（2）忠实性与创新性的统一：课本剧改编的艺术追求

课本剧在改编过程中，力求实现忠实性与创新性的统一。忠实性是对原文的尊重和传承，而创新性则是为了适应舞台表演的需要，使剧情更加生动、角色更加鲜明。

忠实性要求课本剧在改编时保持对原文的基本框架和核心思想的尊重。这包括人物关系、故事情节以及文本所传递的价值观念等。通过保持这些要素的完整性，课本剧能够确保学生在观看表演时能够准确理解文本内容，达到教学的目的。

然而，仅仅保持忠实性是不够的。为了使课本剧更加符合戏剧艺术的表演要求，需要进行适度的创新。这包括调整剧情结构、增加戏剧冲突、塑造更加立体的角色形象等。这些创新举措能够使课本剧在舞台上更加生动有力，吸引观众的注意力。

在忠实性与创新性的统一中，课本剧实现了对原文的传承与超越。它既保留了原文的精髓，又赋予了新的艺术生命，使学生在欣赏表演的同时，能够感受到文本与戏剧艺术的完美结合。

（3）表演形式的灵活多变：适应学生群体的特殊需求

课本剧的表演形式灵活多变，这也是其区别于其他戏剧形式的重要特点之一。为了适应学生群体的特点和需求，课本剧在剧本编写、表演形式以及舞台布置等方面都进行了精心的设计。

在剧本编写方面，课本剧注重简短精练、生动有趣。它选取具有代表性的人物和情节进行改编，通过精练的语言和生动的描绘，使剧本既能够忠实于原文精神，又能够符合舞台表演的需要。

在表演形式方面，课本剧鼓励学生发挥创意和想象力。除了传统的角色扮演和台词朗诵外，还可以结合音乐、舞蹈、道具等多种元素进行表演。这种多元化的表演形式不仅能够吸引学生的兴趣和注意力，还能够让他们在参与中感受到艺术的魅力。

此外，课本剧还注重舞台布置的简约实用。考虑到学生群体的实际情况和场地限制，课本剧的舞台布置通常力求简洁明了，既能够突出表演主题，又能够方便学生操作。

（4）广泛的参与性和互动性：提升学生学习体验的关键

课本剧强调广泛的参与性和互动性，这也是其在教学过程中的一大优势。通过参与课本剧的表演活动，学生不仅能够更深入地理解文本内容，还能够在互动中提升团队协作能力和创新精神。

参与性体现在课本剧鼓励学生积极参与角色扮演、台词朗诵等活动。每一个学生都有机会成为舞台上的主角，通过亲身体验来感受课本剧的魅力。这种参与方式不仅提升了学生的学习兴趣和积极性，还让他们在实践中锻炼了自己的语言表达能力和表演技巧。

互动性则体现在课本剧的表演过程中。学生之间需要进行密切的合作与交流，共同完成角色的塑造和剧情的演绎。这种互动不仅促进了学生之间的友谊和信任，还让他们在合作中学会了倾听、理解和尊重他人。

通过参与性和互动性的结合，课本剧为学生提供了一个展示自我、锻炼能力的平台。在这个平台上，学生们可以充分发挥自己的创意和想象力，将文本内容转化为生动的表演形式。这种学习方式不仅让学生更加深入地理解了文本内容，还让他们在轻松愉快的氛围中提升了自己的综合素质。

第二节 课本剧的分类

课本剧是一种特殊的学习工具，它以课本内容为依据，通过戏剧形式将课本中的内容表现出来，帮助学生更好地理解和记忆所学内容。课本剧具有多种优点，如生动有趣、便于记忆、表现力强等，能够让学生更加深入地理解课本内容。

1. 自述型课本剧

自述型课本剧是一种特殊的学习工具，它通过学生的自述形式进行表演，旨在帮助学生更深入地理解和体验课本内容。以下是关于自述型课本剧的详细论述：

（1）特点

①对学生的各方面能力都有锻炼和提高

将课文编演成课本剧时要把很多叙述性语言转化为对话，因为课本剧是通过对话来推动情节发展的，对话语言强调性格化，学生需要对人物性格进行把握并注意对话语言的表达技巧，这对学生的各方面能力都有锻炼和提高。

②每个学生都有自己的独特体会

编选课本剧是一项创造性活动。改编是一种创造，表演更是一种创造。每个学生在课文的阅读理解中都有自己的独特体会。

（2）形式

自述型课本剧以学生为主体，通过个人的叙述和表演来展现课文内容。这种形式的表演强调学生的主动参与和创造性表达，使原本静态的文字变得生动而有趣。在自述型课本剧中，学生需要运用自身的语言表达能力、形象塑造能力以及对角色的理解和感悟能力，将课文中的情节、人物和情感通过自己的表演呈现出来。

（3）作用与价值

自述型课本剧的作用与价值主要体现在以下几个方面：

①深化对课文内容的理解与掌握

自述型课本剧通过学生的自述形式进行表演，使学生更加深入地理解和体验课文内容。学生在准备自述的过程中，需要仔细阅读课文，分析人物性格、情感变化和情节发展，以便更好地将课文内容通过自己的语言表达出来。这种深入的学习过程有助于学生更加全面地掌握课文的知识点，形成对课文内容的深刻印象。

②提升语言表达能力与创造力

自述型课本剧要求学生将课文内容转化为自己的语言进行表达，这对学生的语言表达能力提出了更高的要求。学生在自述的过程中，需要运用丰富的词汇、准确的语法和恰当的语气来表达自己的思想和情感。学生还需要在自述中发挥自己的创造力，设计独特的动作、表情和语调，使表演更加生动有趣。这种锻炼能够提升学生的语言表达能力和创造力，使他们在日常生活和学习中更加自信地表达自己的想法和感受。

③培养情感体验与情感共鸣

自述型课本剧的表演形式注重情感表达，学生通过表演将课文中的情感传递给观众。这种情感的传递过程有助于学生更好地理解和体验课文中的情感，培养自己的情感体验能力。观众在观看表演的过程中，也能够感受到学生的情感表达，产生共鸣和认同。这种情感的交流和共鸣有助于增进学生之间的理解和友谊，促进班级氛围的和谐与融洽。

④增强学习兴趣与主动性

自述型课本剧以其生动有趣的表演形式吸引了学生的注意力，激发了他们的学习兴趣。学生在参与自述型课本剧的过程中，能够感受到学习知识的乐趣和魅力，从而更加主动地投入到学习中来。此外，通过表演课本剧，学生还能够展示自己的才华和个性，获得他人的认可和赞赏，进一步增强学习的自信心和动力。

（4）实施步骤

选定课文：选择适合进行自述型课本剧表演的课文，确保课文内容具有情节性、人物性和情感性。

角色分配：根据课文内容和学生特点，分配不同的角色给学生，确保每个学生都能够参与到表演中来。

准备阶段：学生需要仔细研读课文，理解人物性格和情感变化，设计自己的表演方案，包括台词、动作和表情等。

排练与表演：在教师的指导下，学生进行多次排练，不断完善自己的表演。最终，学生可以在课堂上或学校活动中进行表演，展示自己的成果。

（5）注意事项

尊重学生个体差异：在分配角色和制定表演方案时，需要充分考虑学生的个体差异和特长，确保每个学生都能够充分发挥自己的优势。

注重情感表达：自述型课本剧的表演需要注重情感表达，学生需要通过自己的表演将课文中的情感传递给观众，引起观众的共鸣。

强调团队合作：虽然自述型课本剧以个人表演为主，但也需要强调团队合作的重要性。学生需要在排练和表演过程中相互支持、互相帮助，共同完成任务。

自述型课本剧是一种有效的学习方式，它能够帮助学生更深入地理解和体验课文内容，提高学生的学习兴趣和积极性，培养学生的综合能力。在实施过程中，需要注重学生的个体差异和情感表达，强调团队合作的重要性，以确保表演的成功并取得明显的学习效果。

自述型课本剧作为一种富有创意和趣味性的教学方式，其适用对象相当广泛，几乎可以涵盖小学、初中乃至高中的学生群体。但为了确保其教育效果的最大化，我们仍需根据学生的年龄特点和能力水平进行细致的考量与调整。

对于小学生而言，特别是对于小学中高年级的学生，他们已经积累了一定的阅读经验，具备了一定的理解能力。此时，通过自述型课本剧的表演，可以进一步激发他们的学习兴趣，加深对课文内容的理解。在这个阶段，小学生的语言表达能力正在迅速发展，他们能够通过自述的形式，将课文中的情节、人物和情感以自己的方式表达出来。同时，小学生正处于情感发展的关键时期，通过参与自述型课本剧的表演，他们能够更好地体验和感受课文中的情感变化，从而培养自己的情感共鸣能力。

随着学生年龄的增长，进入初中和高中阶段后，他们的认知水平和表达能力得到了进一步提升。此时，自述型课本剧对他们来说不仅是一种学习方式，更是一种展现自我、发挥创意的平台。在这个阶段，学生已经具备了较为深厚的阅读理解能力和语言表达能力，他们能够通过自述的形式，深入挖掘课文的内涵，展现自己的独特见解。同时，初中和高中生的团队协作能力也更为突出，他们能够通过合作完成自述型课本剧的表演，进一步提升自己的综合素质和团队协作能力。

值得注意的是，虽然自述型课本剧适合多个年龄段的学生参与，但在实施过程中仍需根据学生的实际情况进行有针对性的选择和调整。例如，对于低年级的学生，我们可以选择内容相对简单、情感单一的课文进行表演，以降低难度，增加他们的参与度；而对于高年级的学生，则可以选择内容更为丰富、情感更为复杂的课文，以挑战他们的表达和理解能力。

在实施过程中，我们需要根据学生的年龄特点和能力水平进行有针对性的选择和调整，以确保其教育效果的最大化。通过自述型课本剧的表演，学生能够更好地理解和体验课文内容，提升自己的语言表达能力和创造力，培养情感体验和团队协作能力，从而实现全面发展。

2. 分读型课本剧

分读型课本剧是一种独特而富有创意的教学方式，它结合了阅读、表演和艺术创作，通过学生扮演不同角色对课文内容进行朗读和表演，从而实现对课文内容的深入理解与体验。分读型课本剧是以教材中的课文为蓝本，通过角色扮演和朗读的方式，将课文内容转化为生动有趣的表演形式。在这种教学方式中，学生不再是被动的接受者，而是成为积极的参与者，他们通过扮演角色、朗读台词，将课文内容以全新的方式呈现出来。

（1）特点

①角色分配的多样性与灵活性

分读型课本剧的核心特点之一是角色分配的多样性与灵活性。在这种教学方式中，教师会根据课文的具体内容和学生的性格、兴趣、能力等特点，精心设计和分配角色。这不仅包括课文中的主要人物，还可能涉及一些次要角色甚至是旁白等。这样的角色分配方式使得每个学生都有机会参与表演，体验到不同角色的魅力和挑战。同时，这种灵活性也使得分读型课本剧能够适应不同年级、不同水平的学生群体，满足不同教学需求。

②朗读与表演的紧密结合

分读型课本剧将朗读与表演紧密结合，使得学生在表演过程中不仅能够通过朗读来呈现角色的台词，还能够通过动作、表情、语气等多种方式来传达角色的情感和思想。这种紧密结合的方式使得表演更加生动、有趣，也更容易引发观众的共鸣和情感投入。同时，朗读与表演的相互促进也能够帮助学生更好地理解和把握课文内容，提高他们的阅读能力和表演水平。

③团队协作与个人表现的并重

分读型课本剧注重团队协作与个人表现的并重。在表演过程中，学生需要与其他角色密切合作，共同完成故事情节的呈现。这需要他们相互理解、相互支持，学会在团队中发挥自己的优势并弥补他人的不足。同时，每个学生也需要在表演中充分展现自己的才华和个性，通过独特的表演方式来塑造角色的形象并吸引观众的注意。这种团队协作与个人表现的并重使得分读型课本剧既能够培养学生的团队精神，又能够展现他们的个人魅力。

④创意与想象的充分发挥

分读型课本剧鼓励学生充分发挥创意和想象力，对课文内容进行个性化的解读和表演。学生可以在尊重原文的基础上，对角色的台词、动作、表情等进行适当的改编和创新，使得表演更加符合自己的理解和感受。这种创意与想象的发挥不仅能够使得表演更加生动有趣，还能够培养学生的创新思维和审美能力。

⑤教学与娱乐的完美结合

分读型课本剧将教学与娱乐完美结合，使得学生在轻松愉快的氛围中学习和掌握课文内容。通过表演的形式，学生能够更加深入地理解和体验课文的情感和思想，从而增强对课本学习的兴趣和热情。同时，这种教学方式也能够为学生提供一个展示自己才华和个性的平台，让他们在表演中感受到成功的喜悦和自信心的提升。

（2）形式

分读型课本剧的形式多种多样，可以根据课文内容和学生的实际情况进行灵活调整。一般来说，它包括以下几个环节：

角色分配：教师根据课文内容和学生特点，分配不同的角色给学生。

台词准备：学生根据自己所扮演的角色，准备相应的台词，并通过反复练习，熟悉台词的内容和语气。

排练表演：学生在教师的指导下进行排练，通过多次的演练和调整，使表演更加生动自然。

正式演出：在课堂或学校活动中进行正式演出，展示学生的表演成果。

（3）作用

①提升学习动力与兴趣

分读型课本剧通过角色扮演和表演的方式，使学生从被动接受知识转变为主动参与学习。学生在准备和表演的过程中，能够体验到与文本互动的乐趣，从而激发对知识学习的兴趣和热情。这种主动参与的学习方式有助于提高学生的学习动力，使他们更加积极地投入到课堂学习中。

②深化对文本的理解与感知

通过分读型课本剧的表演，学生需要深入理解文本中的人物性格、情感变化、情节发展等要素。他们需要思考如何通过表演来展现这些要素，这促使他们更加深入地阅读和理解文本。同时，表演过程中的互动和反馈也有助于学生更好地把握文本的主旨和深层含义，从而加深对文本的理解和感知。

③锻炼语言表达能力与创造力

分读型课本剧要求学生通过台词、动作、表情等多种方式来表达文本内容。这不仅可以锻炼学生的语言表达能力，使他们更加自信地表达自己的思想和情感，还可以激发他们的创造力，使他们在表演中尝试不同的表达方式和创新点。

④培养团队协作与沟通能力

分读型课本剧通常需要学生以团队的形式进行表演，这要求他们相互合作、协调一致。在排练和表演的过程中，学生需要学会如何与他人进行有效的沟通、如何解决团队中的矛盾和问题，从而培养他们的团队协作精神和沟通能力。

⑤增强情感体验与人文素养

通过分读型课本剧的表演，学生能够更加深入地体验文本中的人物情感和故事情节，从而增强他们的情感体验和人文素养。这有助于培养学生的共情能力，使他们更加关注他人的情感和需求，同时也有助于提高他们的审美能力和文化修养。

3. 群演型课本剧

群演型课本剧是一种创新性的教学方式，它基于课本的内容，鼓励学生群体参与并共同演绎。在这一过程中，学生们通过合作与协商，将课文中的情节、人物和深层含义以表演的形式生动展现。

在群演型课本剧中，学生的群体参与至关重要。每个学生都需积极投入，扮演不同的角色，共同构建一个丰富多彩的表演世界。他们需深入理解课文，把握角色的性格与情感，并通过创新思维对剧本进行改编和创作，使其更贴近自身的理解与感受。

此外，群演型课本剧还着重培养学生的团队协作能力、创新思维和表达能力。在排练与表演的过程中，学生们需紧密合作，共同解决问题，通过不断地尝试与改进，提升表演的质量与效果。同时，他们还需发挥丰富的想象力，深入挖掘角色的内心世界，使表演更加生动、引人入胜。

通过群演型课本剧的实践，学生们不仅能够更深入地理解课文内容，提升学习素养，还能在团队协作中锻炼沟通与合作能力，在创新表演中培养想象力与表达能力。这种教学方式具有极高的教育价值，值得在教学实践中广泛推广与应用。

（1）特点

群演型课本剧作为一种独特的教学方式，具有一系列鲜明的特点，这些特点使得它在各类教学中独树一帜，深受师生们的喜爱。

①全员参与性

群演型课本剧的最大特点在于其全员参与性。这种教学方式打破了传统教学中教师主导、学生被动接受的局面，让每一个学生都能积极参与到课本剧的排演中来。无论是主角还是配角，甚至是幕后的工作人员，每个学生都能在群演型课本剧中找到自己的位置，发挥自己的作用。这种全员参与的教学方式不仅提高了学生的积极性，也让他们在参与过程中获得了更多的学习和成长。

②合作与协作

群演型课本剧强调学生之间的合作与协作。在课本剧的排演过程中，学生们需要相互沟通、协商，共同解决遇到的问题。他们需要一起讨论角色的塑造、剧情的发展，以及舞台的表现等。这种合作与协作的过程不仅锻炼了学生的沟通能力和团队协作能力，也让他们学会了如何在集体中发挥自己的优势，为团队的成功作出贡献。

③创新性与创造性

群演型课本剧鼓励学生发挥想象力和创造力，对课文进行改编和再创作。学生们可以根据自己的理解和感受，对课文中的情节、人物进行再加工，使剧本更加符合他们的审美和表演风格。这种创新性和创造性的发挥不仅激发了学生的创新思维，也让他们在创造中找到了乐趣和成就感。同时，通过改编和创作，学生们对课文的理解也会更加深入和全面。

④表演与表达

群演型课本剧将表演作为主要的表达方式，让学生在舞台上展示自己的才华和魅力。通过表演，学生们可以将自己对课文的理解和感受直观地呈现出来，让观众能够更直接地感受到他们的情感和思想。这种表演与表达的方式不仅锻炼了学生的表演技巧，也让他们在表演中找到了自信和勇气。

⑤寓教于乐

群演型课本剧将学习与娱乐相结合，让学生在轻松愉快的氛围中学习课本知识。通过表演的形式，学生们能够更加深入地理解课文内容，把握人物性格和情节发展。同时，这种寓教于乐的教学方式也激发了学生的学习兴趣和积极性，让他们更加热爱学习。

（2）形式

群演型课本剧的形式多种多样，它不仅强调学生的个性化表达，也注重团队协作和集体表现。在剧本的改编环节，学生根据自己的理解和创意对课文进行个性化改编，挖掘情感、塑造人物，使剧本更贴近他们的生活。角色分配时，教师根据学生的特点指导他们选择适合的角色，并鼓励角色间的多元互动，促进学生间的交流与合作。舞台与道具的设置则体现了学生的创意和实践能力，他们设计并制作道具，搭建舞台背景，为表演提供必要的物质支持。排练与演出紧密结合，学生在不断练习中完善表演技巧，最终在演出中展现成果，赢得观众的认可。同时，及时的评价与反馈也是群演型课本剧的重要环节，教师给予指导建议，学生自我评价与互相评价，共同提升表演水平。这种教学方式不仅能提升学生的学科素养和综合能力，还让他们在参与中感受到学习的乐趣和价值。

（3）作用

①培养学生的语言表达与沟通能力

群演型课本剧要求学生通过角色扮演、对话演绎等方式来呈现课文内容。在准备过程中，学生需要深入理解角色性格、情感变化，并尝试用语言准确地表达出来。这种形式的锻炼可以提升学生的口语表达能力和语言组织能力，使他们能够更流畅、更自信地进行表达。

群演型课本剧也为学生提供了一个锻炼沟通能力的平台。在排练和表演过程中，学生需要与导演、其他演员进行频繁的沟通和交流，讨论角色的塑造、剧情的发展等问题。这种沟通不仅有助于解决问题，还能培养学生的团队协作精神和沟通能力，使他们更好地适应集体生活和工作。

②强化学生对文学作品的理解与欣赏

通过群演型课本剧的表演，学生可以将文学作品中的文字转化为生动的画面和声音，更直观地感受作品的魅力和内涵。在表演过程中，学生需要深入理解人物性格、情感变化和故事情节，这有助于他们更深入地理解文学作品的主题和思想。群演型课本剧还要求学生从多个角度分析和理解作品，如角色的心理变化、情节的推动因素等。这种多角度的分析有助于培养学生的批判性思维，使他们能够更加全面地欣赏和评价文学作品。

③促进学生之间的合作与团结

群演型课本剧需要学生分组合作，共同完成表演任务。在合作过程中，学生需要学会如何与他人有效沟通、如何协调各方意见、如何分工合作等。这种合作形式不仅锻炼了学生的团队协作能力，还增强了他们之间的友谊和信任。通过合作，学生还能够学会尊重他人的意见和想法，学会在团队中发挥自己的优势，为团队的成功做出贡献。这种合作精神的培养对于学生未来的学习和工作都具有重要的意义。

④挖掘并发展学生的个性和特长

群演型课本剧为学生提供了一个展示自我、发挥特长的平台。在表演过程中，学生可以根据自己的兴趣和特长选择适合的角色进行扮演，展示自己的才华和魅力。这种个性化的选择有助于增强学生的自信心和自我认同感。学生通过表演还能够发现自己的潜力和兴趣点，从而进一步挖掘和发展自己的特长和才能。这种自我探索和发现的过程对于学生的成长和发展具有重要的促进作用。

4. 辩论型课本剧

辩论型课本剧是以课本内容为基础，融入辩论元素的一种创新型戏剧表演形式。它结合了戏剧表演的活泼性和辩论的逻辑性，让学生在表演过程中通过角色扮演、台词对白等方式展现对课文内容的理解和分析，并通过辩论的形式展开对课文主题或观点的深入探讨。

（1）特点

辩论与表演相结合：辩论型课本剧的最大特点在于将辩论的逻辑思维和戏剧的表演艺术相结合，让学生在表演中展现辩论技巧，在辩论中体现表演才能。

深入解读课文内容：这种形式的教学要求学生深入理解课文内容，挖掘课文中的辩论点，从而能够在表演中准确传达出课文的主旨和深意。

注重思辨能力培养：辩论型课本剧鼓励学生从多个角度思考问题，培养他们的批判性思维和辩证看待问题的能力。

团队协作与沟通：学生在准备和表演过程中需要团队协作，共同商讨角色分配、辩论策略等，这有助于培养他们的团队合作精神和沟通能力。

（2）形式

角色分配与辩论立场：学生根据课文内容被分配不同的角色，每个角色代表一种观点或立场，他们需要在表演中通过辩论来支持自己的观点。

台词设计与辩论技巧：学生需要编写台词，这些台词既要符合角色性格和情节发展，又要体现辩论的逻辑性和说服力。在表演过程中，学生需要运用辩论技巧，如提问、反驳、总结等，来展示自己的观点。

场景布置与服装道具：为了增强表演效果，可以根据课文内容布置场景，准备相应的服装和道具，使表演更加生动逼真。

（3）作用

辩论型课本剧通过结合辩论和戏剧表演的元素，为学生提供了一个独特的平台，有助于他们在互动和实践中提升思辨能力。

多角度思考：在辩论型课本剧中，学生需要扮演不同的角色，这要求他们从多个角度审视问题。每个角色都有自己的观点和立场，学生需要深入理解并表达这些观点，这有助于他们培养多元思维和批判性思维。

逻辑推理能力：辩论的核心在于运用逻辑和事实来支持自己的观点，反驳对方的论点。在课本剧的表演中，学生需要运用逻辑推理来构建和呈现论点，这有助于提升他们的逻辑思维能力。

语言组织与表达能力：为了有效地表达观点，学生需要精心组织语言，确保表达得清晰和准确。这不仅锻炼了他们的口语表达能力，还培养了他们在思考和表达上的条理性。

批判性思维：在辩论过程中，学生需要学会辨别信息的真伪，评估论点的合理性，并对对方的观点提出质疑。这种批判性思维的训练有助于他们在日常生活中更好地判断信息的可靠性，形成独立的见解。

团队协作能力：辩论型课本剧通常要求团队协作，学生们需要在小组内讨论、协商、分工合作。在这个过程中，他们需要倾听他人的观点，学会求同存异，这对于培养团队合作能力和人际交往能力也是非常重要的。

反思与总结：每次表演结束后，学生都需要进行反思和总结，分析自己在辩论和表演中的表现，找出不足之处并制订改进计划。这种反思和自我评估的过程有助于他们不断提升自己的思辨能力。

辩论型课本剧在提升学生领导能力方面也独具优势，它为学生提供了一个宝贵的实践平台，使他们能在实际情境中展现领导才能。在准备和表演过程中，学生可能会担任关键角色，如团队负责人，从而锻炼其规划和组织能力。他们需要学会如何制定目标、分配任务，并有效地激励团队成员。辩论型课本剧鼓励学生主动承担责任，培养他们的责任心，使他们更懂得倾听与理解团队成员的需求和感受。辩论环节也考验学生的决策能力，他们需要迅速分析问题，提出解决方案，并在紧张的氛围中果断作出决策。这些经历不仅提升了学生的决策能力，还让他们在实践中学会了冷静分析和果断行动。通过成功完成辩论和表演任务，学生的自信心得到了极大的增强，这种自信将进一步转化为领导力，为他们在未来的学习和工作中担任领导角色奠定坚实基础。

除了上述作用，辩论型课本剧在提升学生的创新能力上还发挥着举足轻重的作用。它鼓励学生从多角度挖掘问题，大胆提出新颖观点，通过扮演不同角色拓宽思维视野。这种课本剧为学生提供了一个展现自我、交流思想的平台，让学生在辩论中运用逻辑推理、事实依据，发挥创新思维，提出独特见解。辩论型课本剧注重培养学生的团队协作精神和沟通能力，让他们在共同讨论、协商和分工合作中相互启发，共同寻找解决问题的新思路和新方法。

5.改编创新型课本剧

改编创新型课本剧是一种充满活力和创造力的教学方式，它通过引导学生对原文进行改编和创新，将学习与实践紧密结合，从而提升学生的综合能力。

（1）特点

创新性：改编创新型课本剧鼓励学生跳出原文的框架，大胆进行改编和创新。学生可以重新构思情节，设计新的角色对话，甚至改变故事的发展方向。这种创新不仅体现在剧本的编写上，还体现在舞台表演、服装道具等各个方面。

综合性：改编创新型课本剧涉及文学、戏剧、表演、美术等多个领域的知识和技能。学生在改编和表演过程中，需要综合运用这些知识和技能，从而提升自身的综合素质。

趣味性：改编创新型课本剧通过生动有趣的表演形式，将原本枯燥的学习内容变得有趣而富有吸引力。学生在参与表演的过程中，能够充分体验到学习的乐趣，从而更加积极地投入到学习中。

（2）形式

剧本改编：学生可以根据原文的主题和情节，结合自己的生活经验和想象力，对剧本进行改编。改编过程中，学生需要保持原文的核心思想和情感基调，同时加入新的元素和创意，使剧本更加生动有趣。

角色塑造：在改编创新型课本剧中，学生可以根据自己的理解和创意，重新塑造角色。他们可以通过调整角色的性格、行为方式、语言风格等方面，使角色更加鲜明立体。同时，学生还可以通过表演技巧的运用，将角色的内心世界和情感变化展现出来。

表演形式：改编创新型课本剧的表演形式灵活多样，可以根据剧本的需要和学生的特点进行选择。例如，可以采用话剧的形式，通过对话和动作来展现故事情节；也可以采用音乐剧的形式，通过歌唱和舞蹈来表达情感和渲染氛围。此外，还可以结合现代科技手段，如投影、音效等，增强表演的视觉效果和听觉冲击力。

（3）作用

促进学生深入理解文本：改编创新型课本剧要求学生对原文进行深入阅读和理解，从而把握其主题、情节和人物形象。在改编过程中，学生需要思考如何保持原文的精髓，同时加入新的创意和元素。这一过程有助于学生更加深入地理解文本，提升阅读能力和分析能力。

培养学生的创新能力和想象力：改编创新型课本剧鼓励学生打破常规思维，大胆进行改编和创新。学生在改编过程中需要充分发挥自己的想象力和创造力，设计出新的情节、对话和角色。这种活动有助于培养学生的创新能力和想象力，激发其创造潜能。

提升学生的综合素质：改编创新型课本剧涉及多个领域的知识和技能，需要学生综合运用这些知识和技能来完成任务。在参与改编和表演的过程中，学生可以提升自己的文学素养、戏剧知识、表演技巧、美术设计等多方面的能力。同时，这种活动还可以培养学生的团队合作精神、沟通能力和自我表达能力，提升其综合素质。

第三节　课本剧的教学原则及设计

在英语教学改革的大背景下，作为一名英语教师应该主动打破传统的英语教学模式，努力为学生营造一个宽松、活泼的氛围提高学生学习英语的兴趣。编演课本剧就是很好的一个途径。编演课本剧可以激发学生的创造欲和探究欲，不仅能培养他们听、说、读、写的能力，而且能培养学生的活动能力、组织能力、创造能力，能提高他们的审美情趣。通过课本剧的编演，可提高学生的表现欲望和学习兴趣，锻炼学生的口语表达能力和分析课文能力，能使他们的注意力、想象力和创造力都得到激发与提高。

随着科技的不断进步和教育理念的不断更新，未来课本剧将继续发展，并更加注重互动性和创新性，利用现代技术手段打造更加生动、立体的演出效果，为学生提供更加优质的教育体验。

1. 编演课本剧的基本原则

第一，实践性原则

课本剧教学强调学生学习的实践性，要求"通过实践认识语言"。学生编排一个课本剧，首先需要他们对课文的全面理解，并要用自己的词汇和语言来表达，在表演的过程中，还需要学生有一定的表达能力和表演能力，这些都是学生掌握英语知识、提高运用能力的机会，所以编演课本剧是学生通过实践学习英语知识的一个很好的窗口。

学习英语的目的就是会运用它。在课本剧的表演中，学生通过对话的形式将所学的英语语言知识表现出来，将其放在一个真实的环境中，这样会给学生留下深刻的印象，能加深对语言的理解和记忆。所以这个实践的过程对巩固学生所学的知识尤为重要。

第二，多样性原则

在学生编排课本剧的过程中，不需要有固定的模式，因为不同的学生、不同的小组对课文的理解也会有所不同，如果不同的学生有不同的表现方式和理解方式，教师应该积极表扬。应该鼓励学生在课本剧表演中具有多样性。

第三，主体性原则

课本剧强调有个性的学习活动过程，其目的具有自主性。在这一过程中，学生在理解课文后编排课本剧，都是根据主体性的原则进行的。学生始终处于活动主体的状态中。理解课文前，教师和学生是活动的共同创意者和设计者；编排课本剧时，学生是活动的参与者和实践者，教师则是活动的组织者、指导者和帮助者，师生共同构建了一种平等、和谐、民主、互动式的新型师生关系，这种和谐温馨的关系能更有力地促进英语课堂学习。

第四，指导性原则

有些老师会觉得课本剧表演应该放手让学生自己来做，教师不要参与其中。的确，作为提高学生综合能力的课本剧有它的自主性和创新性，但由于学生能力有差异、口头表达能力有限，或是由于生活经验不足、对课文理解的深度有限，很难期望学生在短短的时间内将课本剧编排好。在这种情况下，教师应该给予适当的指导和帮助。

在课本剧编排中，教师的地位是缺一不可的，教师的有效组织是课本剧教学成功的必要条件，教师应该在课本剧教学中洞悉和开发学生的潜力。

在学生进行课本剧编演的时候，教师不应袖手旁观，而要充当管理者、引导者和活动的参与者，从讲台上走到学生中去，在小组间进行巡视与交流，密切注意学生的活动状态，对小组合作活动中出现的问题及时指导，帮助学生提高合作技巧，完成合作任务。

第五，创新性原则

课本剧来自于教材，但又不拘泥于教材。它必须在教材的基础上有所创新，才能起到吸引学生、感染学生、教育学生的作用，才能激发和培养学生的创新精神。

将教材中的课文改编成课本剧，本身就是一个再创作的过程，学生在这一过程中，全身心投入，使课本剧比原课文更贴近我们的生活，更容易理解，随着课本剧编演活动的深入开展，学生的创新精神和能力，得到了极大的激发和挖掘。

2. 课本剧教学活动的设计

第一，时间安排

通常，可以在每一单元结束后，抽出课前或课后5～10分钟时间让学生自由表演课本剧。此外，也可以利用每月一次的表演周来进行表演。平时表演较好的小组可以在大型英语晚会等活动中进行创意表演。

第二，组织形式

在组织形式上，不宜按照学习成绩分组，最好是在自愿组合的基础上将班内几十名同学根据能力、爱好、特长、英语水平分成若干小组。每组设组长一名，组织负责具体事务，如剧本的改写、角色的分工、道具的制作，等等。

第三，具体过程

（1）教师处理学习材料。

在初中英语教学中，不是所有的内容都适合课本剧的表演，一篇编演价值不大的课文，用来编演课本剧，会使学生产生厌倦。因此，教师应根据教材内容，合理安排编演课本剧活动，所设主题要源于教材又高于教材，主题内容本身应能唤起师生、生生交流对话的可能性和增强小组活动的实践性，能容"兴趣性""探究性""开放性"和"梯度性"于问题之中，能引导学生深入学习和探索问题。

（2）学生研读学习材料。

在小组合作学习过程中，学生对对话或短文进行初步的剧本构思，并考虑角色分工。学生认真阅读原始材料是改写对话或剧本的关键。在学生研读过程中，教师可适当给予帮助或提示，建议哪些信息应该吸收到剧本中，哪些信息不该采纳到剧本中。

同时，剧本角色的分工也很重要，学生可以通过试演，使性格外向与内向的学生、表演能力强与弱的学生都能在学习和表演中找到自己合适的角色。

（3）学生剧本写作过程。

以各组长为主，各小组成员充分参与剧本的改写过程，集思广益，推动小组成员的创造性发展。组长对小组成员提出的建设性意见要充分尊重，同时也要注意对教材中的原始材料进行充分挖掘，尽量使用材料中重要的词汇、句型，使小组成员在教材的基础上有创意地进行添加或删改。

（4）教师剧本批阅阶段。

学生剧本的构思及台词的选用，不可避免地受到学生认知和语言水平的局限，可能会出现这样或那样的不足。教师在对剧本进行审阅与批改时，切不可吹毛求疵，以免挫伤学生的学习积极性。

（5）学生剧本表演阶段。

学生依据教师审批过的剧本，在课后充分熟悉台词，反复排练，经过充分准备后，将课本剧展示给老师和同学们。

（6）师生评价课本剧阶段。

由于每个小组负责一个单元，因此，各个小组都可以参与对表演课本剧小组的评议。

在评价阶段，可由表演小组作自我评估；然后，由其他小组代表进行评议；最后，由教师做总结发言。

第二章 基于学生实践活动的 英语课堂教学模式

2022年，教育部正式颁布了《义务教育课程方案（2022年版）》及相关16个学科的课程标准，其中特别强调了课堂教学方式的革新与实践在育人中的不可或缺性。方案明确指出，我们需进一步促进课程与生产劳动、社会实践的紧密结合，充分展现实践在教育中的独特魅力与重要作用。同时，我们也要注重学科思想方法和探究方式的学习，秉承知行合一、学思结合的原则，提倡在实践中、应用中、创新中进行学习的新型模式。

第一节 "三三四"英语学科 课程结构模式的构建

新课程改革要求每一位教师树立新的教育观、人才观和知识观，关注学生英语学科核心素养的培养。培养学生的英语学科核心素养就要从培养学生的语言能力、学习能力、思维能力及文化意识方面着手。为此，编者创造性地提出了一种"三三四"英语学科课程结构模式，这一模式旨在通过精细化、系统化的课程设计，培养具有全面英语素养和实际应用能力的学生。

1. "三三四"英语学科课程结构模式的基本概念

"三三四"英语学科课程结构模式是一种全面而富有层次的创新教学模式。它明确地将英语课程划分为三个门类，以满足学生不同阶段和层次的学习需求。Foundation Courses作为基础性课程，着重于为学生构建坚实的英语语言基础，确保每个学生都掌握必要的语法、词汇和日常交流用语。Extended Courses则更进一步，它旨在通过多样的教学材料和实践活动，如文化探索、情景对话等，来拓展学生的英语应用能力，激发他们对英语学习的更深层次兴趣。而Promotion Courses是针对那些已经拥有较好英语基础的学生设计的，通过高级阅读、写作和口语训练，以及专业领域的英语词汇和表达学习，来提升学生的高级英语技能。

此外，该模式还提供了三种灵活的修习方式：必修课程确保所有学生都能获得必要的英语知识，选修课程则让学生根据个人兴趣和需要进行选择，特修课程则是为那些希望在英语某一领域深入探究的学生提供的高级课程。

而四个主题更是这一模式的亮点，"Comprehensive Language Learning"注重培养学生的听说读写全方位能力，"Audiolingual and Visual Learning Courses"则通过音视频材料，让学生在真实的语境中提高英语听说能力，"Graded Reading Courses"根据学生的阅读能力提供分级阅读材料，逐步提高学生的阅读难度和理解深度，最后的"Talent Show"主题则鼓励学生通过英语演讲、戏剧表演等形式展示自己的英语才艺，不仅锻炼学生的英语口语能力，也提升了他们的自信心和表达能力。

2. 模式提出的背景

"三三四"英语学科课程结构模式的构建，其背景深厚且多元化，它不仅是教育改革大环境下的产物，更是对2022年英语课程标准深刻理解和实践的结果。

　　从教育改革的角度看，随着全球化的加速推进和科技的飞速发展，我国教育领域正面临着前所未有的挑战和机遇。在这一背景下，教育部门提出了"核心素养"的教育理念，强调学生的全面发展，包括知识、技能、情感态度和价值观等多个方面。而英语作为一门国际性的语言，其教育的重要性不言而喻。因此，构建一种能够全面、系统地提升学生英语核心素养的课程结构模式显得尤为迫切。"三三四"模式正是在这样的教育改革背景下应运而生，它通过设置不同层次的课程门类和多样化的修习方式，旨在培养学生的英语语言能力、跨文化交际能力、思维品质和学习能力等核心素养。

　　从2022年英语课程标准的角度看，该标准提出了以分级体系为依据，因地制宜、因材施教的教学理念。它强调英语课程的工具性和人文性的统一，注重基础性、实践性和综合性的特征。这些教学理念为"三三四"模式的构建提供了有力的指导。在"三三四"模式中，Foundation Courses作为基础性课程，确保了每个学生都能掌握必要的英语知识和技能；Extended Courses则体现了实践性和综合性的特征，通过多样的教学材料和实践活动来拓展学生的英语应用能力；而Promotion Courses则针对高层次的学生，提升他们的英语素养和综合能力。同时，"三三四"模式还以主题为引领选择和组织课程内容，紧密联系实际生活，体现了英语课程的人文性。

　　从教学实践和学生需求的角度看，传统的英语教学模式往往存在内容单一、方式刻板等问题，难以满足学生多样化的学习需求。而"三三四"模式通过提供必修、选修和特修三种修习方式，以及四个主题的课程设置，为学生提供了更加灵活和个性化的学习路径。学生可以根据自己的兴趣、特长和需求选择适合自己的课程和学习方式，从而激发他们的学习兴趣和积极性。同时，"三三四"模式还注重培养学生的实践能力和创新精神，通过课本剧等形式的达人秀课程，让学生在实践中学习和成长。

　　从国际比较的角度看，许多国家在英语教育方面都有着成功的经验和做法。"三三四"模式的构建也借鉴了这些国际先进经验，并结合我国的实际情况进行了创新和发展。例如，该模式中的分级阅读课程就借鉴了国际上广泛使用的分级阅读理念，通过提供不同难度的阅读材料来帮助学生逐步提高阅读能力和理解能力。

3. 特点和优势

（1）特点

①多层次课程设计

Foundation Courses：这一层次不仅为学生提供了英语学习的基石，如基本的语法、词汇、听说读写技能等，而且确保了每个学生都能从同一起点出发，为后续学习打下坚实的基础。

Extended Courses：在基础课程之上，这一层次引入了更多实际应用和文化背景知识，帮助学生将基础知识与实际情境相结合，从而更深入地理解和掌握英语。

Promotion Courses：针对那些已经熟练掌握基础知识的学生，提供了更高难度的阅读材料、写作任务和口语交流场景，以满足他们对英语学科深度和广度的探索。

②灵活的修习方式

必修课程：确保了核心知识和技能的普及，使得所有学生都能达到一个基本的英语水平。

选修课程：为学生提供了根据自己的兴趣和职业规划选择学习内容的自由，这种个性化的学习方式更有助于激发学生的学习热情和主动性。

特修课程：为特定需求或特殊才华的学生量身定制，如高级翻译、英语写作等，帮助他们进一步深化和拓展自己的专长。

③多元化的主题教学

Comprehensive Language Learning：涵盖听、说、读、写各个方面，全面提升学生的综合英语能力。

Audiolingual and Visual Learning Courses：结合音视频材料，模拟真实场景，提高学生的语言实际应用能力。

Graded Reading Courses：分级阅读设计能够逐步引导学生从简单到复

杂，由浅入深地理解和运用英语。

Talent Show：通过实际表演、演讲等活动，不仅锻炼学生的英语口语，还能培养他们的创造力和团队协作能力。

（2）优势

①实现个性化教育

"三三四"模式通过提供必修、选修和特修三种修习方式，充分满足了学生个性化的学习需求。必修课程确保所有学生掌握英语基础知识和技能，为后续学习打下坚实的基础。而选修课程则允许学生根据自己的兴趣和目标进行选择，如文化探索、商务英语等，这样每个学生都能在自己感兴趣的领域深入学习和探索。特修课程更进一步，为有特殊需求或才华的学生提供量身定制的学习方案，如高级口译、英语写作等专业技能的培养。这种个性化的学习方式，不仅提高了学生的学习兴趣和动力，也有助于培养他们的专长和特色。

②构建系统性学习路径

"三三四"模式通过三个层次的课程设计——基础、拓展和提升，为学生构建了一个清晰、连贯且系统的学习路径。学生可以从基础课程出发，逐步深入到拓展课程，最后在提升课程中实现自我挑战和超越。这种逐步递进的学习方式，有助于学生循序渐进地掌握知识，避免跳跃式学习带来的困扰。同时，每一层次的课程内容都经过精心设计，确保与前一层次紧密衔接，从而形成一个完整、有序的知识体系。

③强化实战应用能力

该模式注重培养学生的实战应用能力。特别是在"Audiolingual and Visual Learning Courses"和"Talent Show"等主题活动中，学生不仅可以通过模拟真实场景的听说训练提高语言实际应用能力，还能在达人秀等实践活动中展示自己的英语才艺。这种以实践为导向的学习方式，有助于学生将所学知识转化为实际技能，提高他们的综合素质和就业竞争力。

④全面提升学生英语素养

"三三四"模式通过多元化的课程设计，全面提升学生的英语素养。

在"Comprehensive Language Learning"主题中，学生将全面提升听说读写能力，打造坚实的英语基础。同时，"Graded Reading Courses"通过分级阅读设计，逐步引导学生提高阅读难度和理解深度，培养他们的阅读兴趣和习惯。这些多元化的课程设计不仅有助于学生在各个方面都能得到全面的提升，还能培养他们的跨文化交流能力和全球视野。

4. 侧重点

"三三四"英语学科课程结构模式的侧重点深入到了课程设计的每个细节、修习方式的灵活性、主题内容的丰富性，以及对学生全面发展的重视。以下是对这一模式侧重点更为详细的阐述：

（1）精细分层的课程设计

在"三三四"模式中，课程设计展现出了极高的精细度和层次感。Foundation Courses（基础性课程）侧重于为学生打造坚实的语言基础，从字母、单词到基础语法，每一步都经过精心设计，确保学生能够稳步前进。Extended Courses（拓展性课程）则在此基础上，引入更多实际应用的场景，如日常对话、文化交流等，帮助学生将基础知识运用到实际中去。而Promotion Courses（提升性课程）更是针对高阶语言技能进行设计，如英语写作、口语翻译等，旨在培养学生的专业英语能力。

（2）多样化的修习方式

该模式的另一大亮点是提供了多样化的修习方式。基础性课程作为必修内容，确保了每个学生都能获得必要的语言基础训练。而拓展性课程则采用选修方式，学生可以根据自己的兴趣和需求进行选择，这种灵活性极大地提高了学生的学习积极性和自主性。至于提升性课程，则通过特修方式进行，针对特定技能或领域进行深入学习，这种个性化的学习方式对于培养学生的专长具有重要意义。

（3）丰富多元的主题内容

"三三四"模式的主题内容也是其侧重点之一。Comprehensive Language Learning（英语基础素养课程）涵盖了英语学习的各个方面，从听、说、读、写到语法、词汇等一应俱全。Audiolingual and Visual

Learning Courses（视听说课程）则通过多媒体材料，让学生在真实的语境中提高听说能力。Graded Reading Courses（分级阅读课程）根据学生的阅读能力提供不同难度的阅读材料，有效提高学生的阅读速度和理解能力。而Talent Show（达人秀课程）则是一个综合性的展示平台，学生可以在这里通过演讲、表演等形式展示自己的英语才能，锻炼自信心和表达能力。

（4）注重学生的个性化学习与全面发展

"三三四"模式还非常注重学生的个性化学习和全面发展。每个学生都有自己独特的学习方式和节奏，该模式通过提供多样化的课程选择和修习方式，让学生能够根据自己的特点进行个性化学习。同时，该模式还注重培养学生的综合素质和创新能力，通过各种实践活动和达人秀等课程，为学生提供展示自我、锻炼综合能力的机会，促进他们的全面发展。

5. 在初中英语教学中的价值

"三三四"英语学科课程结构模式在初中英语教学中的应用，不仅体现了其深远的价值和意义，更以其独特的课程设计、灵活的修习方式以及丰富多元的主题内容，为初中生量身打造了一个系统、全面且高度个性化的英语学习平台。以下是对该模式在初中英语教学中的价值进行的更为细致的阐述：

（1）构建坚实的英语基础

Foundation Courses（基础性课程）是初中英语教学的核心组成部分。在这一课程中，学生将系统地学习并掌握英语词汇、基本语法和关键语言功能，这是英语学习的根本。对于初中生而言，这一时期是他们语言认知形成和语言习惯养成的黄金时期。通过必修的基础性课程，学生不仅能够获得扎实的语言基础，还能为后续更为复杂和深入的语言学习及应用奠定坚实的基础。

（2）推动语言技能的进一步拓展与实践应用

Extended Courses（拓展性课程）在初中英语教学中扮演着重要的桥梁角色。这类课程旨在帮助学生进一步巩固并拓宽他们的基础知识体系，同时引导他们将这些知识应用到实际生活中去。通过选修这些拓展性课程，学生将有机会接触到更为丰富的语言素材和真实语境，这不仅有助于提升他们的语言运用能力，更能增强他们的跨文化交际能力，为他们未来在国际舞台上的交流与合作打下坚实基础。

（3）实现个性化学习与能力的进一步提升

Promotion Courses（提升性课程）则为那些在英语学科上表现出较高天赋或浓厚兴趣的学生提供了更为高阶的学习资源。这类课程允许学生根据自己的兴趣和需求进行深度选修，从而实现真正的个性化学习。在初中这一关键阶段，随着学生兴趣和能力的差异化发展，提升性课程能够满足不同层次学生的学习需求，进一步推动他们的特长和才华得到更好的发展。

（4）全方位培养综合语言运用能力

"三三四"模式中涵盖的"英语基础素养课程""视听说课程""分级阅读课程"以及"达人秀课程"四大主题，共同构建了一个全面而多元化的学习框架。这些课程内容丰富多样，旨在全方位地培养学生的听、说、读、写各项语言技能，进而提升他们的综合语言运用能力。在初中英语教学中，这种全面而系统的语言训练对于培养学生的综合素养和交际能力具有至关重要的作用。

（5）充分激发学生的学习兴趣和内在动力

"三三四"模式通过提供多样化的课程选择、灵活的修习方式以及丰富多彩的主题内容，极大地激发了学生的学习兴趣和热情。在初中阶段，学生对于新知识和多样化学习方式的渴望日益增强。该模式恰恰满足了学生的这些需求，使他们在学习过程中能够保持持续的热情和积极性，从而更好地投入到英语学习中去。

（6）为学生的长远发展奠定坚实基础

初中英语教学不仅仅是传授语言知识的过程，更是为学生的未来发展打下坚实的基础。"三三四"模式通过其系统而全面的课程设计，帮助学生建立起坚实的语言基础并提升他们的语言运用能力。这些能力和素养不仅对学生未来的学习和工作具有重要影响，更是他们成为全球化时代合格公民的必备条件。因此，"三三四"模式在初中英语教学中的价值不言而喻，它为学生的全面发展提供了有力的支持和保障。

6. 与"三段十环节"教学模式的关系

"三三四"模式主要在课程设计和规划层面上进行操作，需要学校和教师根据学校的实际情况和学生的需求进行具体的课程设计。这种模式的实施需要学校和教师具备一定的课程设计和开发能力。

"三段十环节"则是在具体的课堂教学层面上进行操作的，它为教师提供了明确的教学步骤和方法，以及相应的教学资源和评价工具。这种模式的实施相对更为直接和具体，便于教师理解和操作。

（1）相同点

①以学生为中心的教学理念。两者都体现了以学生为中心的教学思想。"三三四"模式强调根据学生的兴趣、能力和需求设计多样化的课程和修习方式，确保每位学生都能在适合自己的学习路径上发展。"三段十环节"则着重在课前、课中、课后各个阶段设计符合学生认知规律和学习特点的教学活动，以促进学生的自主学习和深度学习。

②注重教学的系统性和连贯性。无论是"三三四"还是"三段十环节"，都致力于构建一个系统、连贯的教学体系。"三三四"通过基础性、拓展性和提升性课程的层层递进，为学生提供了一个系统的英语学习框架。而"三段十环节"则通过明确划分教学阶段和详细规划教学环节，确保教学的有序性和高效性。

③追求教学效果的最大化。两者都以提高学生的学习效果为最终目标。"三三四"模式通过提供丰富的课程内容和多样的修习方式，激发学生的学习动力，进而提升学习效果。"三段十环节"则通过精心设计的教学活动和步骤，以及及时的反馈和评价机制，确保每一步教学都能为学生的学习提供有效的支持。

（2）不同点

①教学设计的侧重点不同。"三三四"模式主要侧重于课程内容和修习方式的设计。它根据学生的不同需求和能力水平，设置了基础性、拓展性和提升性三类课程，以及必修、选修和特修三种修习方式。这种模式更

强调课程的多样性和个性化，以满足不同学生的学习需求。

"三段十环节"则更侧重于具体的教学过程和方法的设计。它将教学过程划分为课前、课中、课后三个阶段，并在每个阶段设计了具体的教学环节和活动。这种模式更注重教学的细节和实效性，以确保每一步教学都能达到预期的效果。

②灵活性与结构性的平衡。"三三四"模式在课程设置上更为灵活，允许学校和教师根据学生的实际情况和需求进行个性化的课程设计。这种模式更注重发挥学生的主体性和教师的创造性。

"三段十环节"则更为结构化，它提供了明确的教学步骤和方法，以及相应的教学资源和评价工具。这种模式更注重教学的规范性和可操作性，以确保教学质量和效果。

第二节　相关英语教学法

英语教学最根本的目的就是培养学生的语言实践能力。因此，在英语教学中如何拓宽学生的知识面，深化思维，锻炼他们的语言能力，培养他们的思辨能力和创造能力，成为英语教学的中心任务。国内外许多学者都对此进行了深入的研究和思考，下面是对部分教学法的介绍。

1. 交际法：

交际法，即交际语言教学，是20世纪70年代由英国应用语言学家创立的外语或第二语言的一种教学理论。它不是一种单一的、固定的教学模式，交际语言教学（Communicative Language Teaching，即CLT）的理论主要来自社会语言学、心理语言学和乔姆斯基的转换生成法。其核心是教语言应当教学生怎样使用语言，用语言达到交际的目的，而不是把教会学生一套语法规则和零碎的词语用法作为语言教学的最终目标。

　　交际法认为教学的目的在于培养学生不仅能用正确的外语语音和语法结构来表达思想，而且还要能在各种不同的语言环境中正确使用外语。因此它有四个方面的特点：

　　（1）语言在课堂上既不是知识，也不是内容，而是交际和获取信息的手段。要在用中学，在用中掌握，即教学过程就是交际过程。

　　（2）要尽量用生活中的实际任务来组织教学活动，才能实现真正的交际，才能真正地学到语言。

　　（3）外语学习有一个由完善到逐步完善的发展过程。因此，要鼓励学生"通过犯错误来改正错误"。

　　（4）课堂的交际活动应以学生为主体，由他们担当主要角色，教师，是帮助学生学，创造条件让学生学的"引导者"。

　　以交际法为原则的初中英语课本剧教学更强调语言的功能。从这一点出发，检查学生的理解过程比检查其理解结果显得更为重要。课本剧编写和表演时通过不断的互动活动（如小组成员间的讨论），老师能及时了解学生的理解过程，从中发现可能存在的问题，比如学生为何能得出这样或那样的结论，对材料上语言功能的理解是否准确，是否仅仅理解其形式上的语法意义，等等。这一点比给学生校对答案要重要得多。说到这里，不能不提到准确和流利的关系问题。前者包括两个层次的意义：语言形式的准确和交际活动中的准确。以我的观点，在学生的语言准确性不影响交际的情况下，应该鼓励他们更流利、更自然地表达思想。在学生单独排练或小组讨论时，老师最好不要中途打断，应让他们自由完整地表达完自己的观点，然后，再针对典型错误进行纠正。

　　2. 完全肢体响应（TPR）教学法：

　　TPR（Total Physical Response）最早是由加州圣荷西州大学心理学教授James Asher于1966年提出，该教学法源自盛行于19世纪的"自然语言学习法"（Natural Language Learning）。它的基本原理是通过让学生用身体动作来响应教师用目标语言发出的指令，从而达到语言输入和输出的协调。它认为这样可以模仿人类在母语习得的过程，从而提高语言学习的效率和兴趣。它的精髓即为：利用身体运动来增加语言输入的量和质，认为身体运动可以帮助学生记忆和理解语言。Asher深信大量听力信息的接收与肢体动作反应的结合，能使学习的印象更深刻持久。因此TPR活动是以动作为主，配合一连串与课程教学主题有关的指令（commands）或说明（instructions），老师先边说边做动作，一个口令，一个动作，孩子观察并倾听，（初期仍不出声复诵或发问），等孩子有信心且了解那些口令后，再模仿做动作。直到对所听到的语句口令能完全以肢体正确地反应后，再进而用所学的语句作口语沟通。（开口说）

将完全肢体响应（TPR）教学法运用到初中英语课本剧教学中，使学生以小组形式开展课本剧编演活动，能提高学生的自主学习能力，激发学生的学习兴趣，提高学生的语言运用水平。

3. 自然教学法

自然教学法（The Natural Approach）是由Stephen D.Krashen和Tracy D.Terrel（1983）提出来的。他们在研究儿童如何产生第一语言的基础上，区分了语言学习中自然"习得"和"学习"两个不同的概念。

Krashen和Terrel指出，学习第一语言对于幼儿来说，既是生存的需要，又与他们的现实生活紧密相连。

Krashen和Terrel认为，在学习英语中，用习得的方式比学习的效果好得多。

因此，课堂环境应该尽量接近学生的实际生活。教师应利用学生过去学过的知识，设计和ESL学生文化相近、便于他们理解的教学活动。在介绍新词汇、引进新知识的时候，教师要尽可能结合周围的实际环境。

初中英语课本剧教学中，教师需能够结合教学的实际需求对教学素材进行针对性选择，并同时组织学生开展剧本创编工作，然后在课堂中进行引入，再由学生进行形象、生动的表演，以此来带给学生更加丰富的体验，也能够对学生的发散思维进行培养。具体些说，教师可以在教材中挑选出一些具有相似主题或者是关联度较高的内容，对其进行整合，然后在课本剧设计中，向学生呈现出更加完整、更具层次感的对话，并要求学生在此基础上进行自主练习。同时，学生自主练习后的不断熟悉，也更有利于学生进行对话内容的拓展和补充，或者是衍生出新的对话内容。

4. 教育戏剧教学（Drama-in-Education）

教育戏剧教学（Drama-in-Education）简称D.I.E.，是将戏剧与剧场的技巧运用到课堂教学的一种方式。教学中，教室被当作剧场，教学仿佛戏剧表演，学生在教师的引导下，以创作性戏剧之即兴表演、角色扮演、模仿、游戏等方法进行学习，在互动过程中充分发挥想象，表达思想，并获得美感经验、增进智能与生活技能。

不同于角色扮演和故事教学只注重学生的语言技能的发展，教育戏剧教学还注重于课本剧表演者的服装道具，除了生动有趣，情节发展冲突会激发学生再现他们的愿望，服装和道具的使用也会为学生开口说英语找到一个顺理成章的理由。教育戏剧教学能将课本内容演得形象生动起来，甚至有些学生能跨单元和跨学期进行英语单词与句型的知识整合。

教育戏剧的课程设计是以"问题为中心"，希望透过不同的戏剧情境来引发参与者对自我或社会相关议题的深层体验。

5. 英语情景教学法

英语情景教学法是在课堂上设置一些真实性和准真实性的情景来学习和使用知识，是在教学过程中，教师有目的地引入和创设具有一定情感色彩的，以形象为主体的具体场景，以引起学生一定的情感体验，从而帮助学生理解知识和技能，并使学生的心理机能得到发展的教学方法。情境教学法的核心在于激发学生的情感。人的情感和创造能力总是在一定的情景下产生的。对于英语教学中的对话，教师更需要把微笑和鼓励带进课堂，给学生创造一个宽松活泼的教学环境，以此唤起学生积极的情感和思维，激发学生渴求自身能力发展的内在动机。

在课本剧表演中，学生全程用英语交流，初中英语老师也用英语进行引导，相当于为学生创建了一个全英的课堂环境，那么初中生在聆听别人的台词时，也会思考自己下一步说什么，这样的思维运动，对初中生的口语表述能力进行了有效的锻炼。再比方说，课本剧的完成通常需要多名学生与教师的通力合作，那么其他学生就是课本剧表演的观众，课堂就是一个小型的英语剧场，所以，初中英语老师会让学生认识到合作的重要性，在课本剧表演的过程当中需要懂得照顾同伴的感受，为了一个目标去努力。初中英语老师在这一过程当中，可以参与小组讨论，也可以作为现场表演的评委，为学生提出建议。总之，这样的课堂氛围为初中生的学习注入了充足的活力。

6. 合作学习教学法

20世纪70年代初，合作学习教学理念在美国兴起并取得实质性的发展，形成了较为完整的教学理论与策略体系。它与传统教学不同，该理论以现代社会心理学、认知心理学为基础，以目标设计为先导，要求学生以组内异质小组为基本形式，以小组为合作单位，进行同伴之间合作、互助学习活动的教学方法的统称。随后在欧美主流国家迅速发展，并以其显著的积极作用吸引了各国的关注，进而成为当前主流教育理论之一。在我国，合作学习理论自20世纪90年代初被引入到课堂教学实践中，并由此引发了理论研究和实践。

初中英语课本剧教学应用合作学习模式，教师首先选择适合学生的剧本进行改编，以学生为主体进行表演，让学生在英语课本剧活动中得到积极的自我发展，组成以师生、生生合作为基础的合作小组，在小组内部及各小组之间加强了解，相互帮助，提高全体学生的英语口语交际能力。

7. 任务型教学法（Task–based Language Teaching）

任务型教学法是指教师通过引导语言学习者在课堂上完成任务来进行的教学，是美国教育家杜威以实用主义作为教育理论基础而提出的"以学生为中心，从做中学"的教学模式，他主张教育的中心应从教师和教科书转到学生，教师应引导学生在各种活动中学习。课堂教学应始终围绕既定的教学任务展开，使每节课目的明确、内容实在、效果最佳。

任务型教学法以任务组织教学，在任务的履行过程中，以参与、体验、互动、交流、合作的学习方式，充分发挥学习者自身的认知能力，调动他们已有的语言资源，在实践中感知、认识、应用语言，体现了较为先进的教学理念。

在任务型课本剧表演课教学中，教师对交互的控制较少，学生在交互中表现活跃，并且是自发性启动，他们控制了整个交互过程以及交互内容。教师的作用由主导者向更加隐性的促进者、协商者和帮助者进行了转变。课本剧表演课将教材"活化"，将课堂"动化"，将教学过程交际化，有利于提高学生综合运用英语的能力和培养学生的自主学习意识、组织协调能力、创新思维能力与团体合作精神。

总的来说，课本剧教学已经成为初中英语教学的重要手段之一，教师在实际的教学过程中，应当正确认知课本剧的实际作用，能够根据初中英语教学的基本特点，合理地设计模块化教学内容，引导学生更好地感受与体验。另外，教师也应当有意识地按照学生的发展规律设计层次化的教学内容，以引导学生层层深入地更好地感知课本知识的深刻内涵。从而对学生的英语表达能力进行一定的提升。

第三章　课本剧在英语教学中的应用

2022版义务教育英语课程标准对英语教学提出了更为全面且深入的具体要求，充分体现了教育现代化和全球化的趋势。课程标准强调英语学习的实践性，鼓励学生通过亲身参与和体验来深化对语言的理解和应用。这要求教师在教学过程中，不仅要注重知识的传授，更要设计丰富的实践活动，如课本剧表演、角色扮演等，让学生在实践中学习和运用英语，提升语言交际能力。课程标准也注重英语学习的应用性，强调教学内容与学生生活实际的联系。这意味着教师需要选择与学生日常生活紧密相关的主题和内容，让学生在真实情境中学习和运用英语，增强学习的针对性和实效性。课程标准还突出英语学习的创新性，鼓励教师在教学方法和教学资源上进行创新，探索更加符合学生特点和需求的教学模式。这要求教师具备创新意识和能力，能够灵活运用各种教学手段和资源，激发学生的学习兴趣和创造力，培养具有创新思维和跨文化交际能力的新时代青少年。这些要求既是对教师的挑战，也是推动教育进步的重要机遇。

在这一背景下，课本剧的应用显得尤为适宜。通过将英语知识融入有趣的剧情中，课本剧为学生提供了真实的语言交际环境，使他们能在实践中学习和运用英语。这种教学方式不仅有助于提升学生的语言技能，还能培养他们的创新思维和合作能力，使他们更好地符合新课程标准的要求，实现全面发展。

第一节　课本剧与教育戏剧

课本剧在国外被称为戏剧教学法（Drama-in-Education）或"教育戏剧"，这是一种特殊的教学方法，它运用戏剧与剧场的技巧，将戏剧元素应用于教育教学之中，旨在通过即兴表演、角色扮演、模仿、游戏等丰富多样的活动，引导学生积极参与、发挥想象、表达思想，从而达到传授知识、培养技能的教育目的。这种方法强调以学生为中心，注重培养学生的创造力、想象力、审美能力、语言表达能力以及团队合作能力，同时激发学生主动学习的积极性，提升课堂效率和塑造良好的课堂氛围。

1. 教育戏剧的概念

（1）第一种泛化

当我们提及"教育戏剧"时，脑海中首先浮现的是英国深厚的戏剧教育传统，特别是其标志性的DIE（Drama in Education）模式，这是由英国戏剧教育学者希斯考特（Dorothy Heathcote）提出的。这一模式被张晓华先生精妙地诠释为"是运用戏剧与剧场之技巧，从事于学校课堂的一种教学方法"。[①]与我们在中小学课堂中所实践的"戏剧教学法"相比，两者虽名称不同，但核心理念与实践方式却殊途同归。

然而，在20世纪80年代之前的英国，对于这种教学方法的称呼并未形成统一的标准。各种术语如雨后春笋般涌现，如Educational Drama（教育性戏剧）、Development Drama（发展性戏剧）、Dramatic Curriculum（戏剧化课程）、School Drama（学校戏剧）以及Drama Teaching（戏剧教学）

---

①转引自杨鸿雁. 初中英语课堂引入戏剧教育的思考[J]. 教学与管理, 2014（34）: 57.

等，这些术语都在试图描述和界定这一新兴的教育方式。直到Gavin Bolton的《迈向教育戏剧理论》一书的问世，才为这一领域带来了清晰而深入的见解，使得DIE这一术语逐渐确立了其在教育戏剧领域的主流地位。

除了DIE之外，英国还有另一种独具特色的教育戏剧形式——TIE（Theatre in Education），通常译为"教育剧场"。它不仅仅是一场简单的戏剧演出，更是一场融合了教育目标的剧场活动。在演出过程中，演员们会适时中断剧情，邀请观众参与对剧情中社会、道德和政治问题的讨论。这种互动式的演出方式，不仅让观众有机会从多个角度审视和理解剧情，更能够激发他们的思考能力和创造力。

在华语世界中，"教育戏剧"一词虽然最初是对DIE的直译，但随着时间的推移，其内涵逐渐泛化。如今，"教育戏剧"已经不仅仅局限于DIE的范畴，而是被用来泛指包括DIE和TIE在内的所有戏剧教育形式。这种泛化趋势反映了人们对教育戏剧认识的深化和拓展，也体现了教育戏剧作为一种综合性教育方式的独特价值。

例如，李婴宁在上海戏剧学院戏剧文学系05级戏剧教育专业班所编写的讲义《教育戏剧概论》就采用了这一方式。[①]她认为，无论是通过DIE还是TIE的形式，教育戏剧都能够有效地促进学生的全面发展，提高他们的综合素质。同时，为了避免名词重复和混淆，她在讲义中保留了DIE的英文原称。这种处理方式既尊重了原词的准确性，又体现了对教育戏剧概念的全面理解。

除了李婴宁之外，国内还有许多研究者如李魏、张勇、陆佳颖等也采用了这种泛化的定义方式。他们认为，用"教育戏剧"这一术语来指称包括DIE和TIE在内的所有戏剧教育形式，既符合实际情况，又有利于推动教育戏剧的发展和应用。这种泛化趋势不仅反映了人们对教育戏剧认识的深化和拓展，也预示着教育戏剧在未来教育领域中的广阔前景和无限可能。

---

① 徐俊. 教育戏剧的定义："教育戏剧学"的概念基石[J]. 湖南师范大学教育科学学报, 2014, 13（06）: 32.

（2）第二种泛化

在英国，教育戏剧作为一种教学艺术，早已在学校的课堂上绽放光彩。与此同时，大洋彼岸的美国也孕育出了与之相辉映的创造性戏剧（Creative Drama，或称创作性戏剧）。两者虽名异而实同，都是为课堂教学服务的戏剧方法，共同致力于提升学生的学习体验。

在美国的戏剧教育历程中，对于这种戏剧形式的称呼曾经历了一段时期的混乱与多样。从早期的"Creative Dramatics"到"Informal Drama"（非正式戏剧）、"Creative Play Acting"（创造性戏剧扮演），再到后来的"Process Drama"（过程戏剧）、"Development Drama"（开发性戏剧）等，每一种称呼都代表了当时人们对这种戏剧形式的不同理解和应用。随着时间的推移，这些纷繁复杂的称呼逐渐统一为"Creative Drama"，这得益于美国儿童剧场协会理事长卡门·简宁斯的远见卓识，1975年，她召集了一批权威学者，对相关名词进行了深入的修订和统一。

在这之后，创造性戏剧的定义逐渐清晰起来。Davis与Behm在其权威文章中，将创造性戏剧描述为：一种即兴的、非演出的、重在过程的戏剧形式。在此形式中，参与者在领导者的指导下对人类经验进行想象、扮演与反思。"[1]这种定义不仅凸显了创造性戏剧的独特性，也为其在更广泛领域的应用奠定了基础。

在我国，许多学者都对创造性戏剧与教育戏剧之间的关系进行了深入的探讨。他们普遍认为，尽管两者在名称上有所差异，但在本质上却是相通的。例如，张晓华教授就曾指出："创作性戏剧发展至今，已是美国在中小学阶段教育戏剧的一般通称。"[2]而林玫君教授则提出"戏剧基本能力的开发""戏剧创作能力的应用""戏剧赏析与社会生活联结"三个层次的戏

---

①转引自汪静雯.教育戏剧在初中英语教学中的应用研究[D].上海师范大学,2018: 5.
②转引自徐俊.关于教育戏剧的语词、定义与划分的再思考[J].基础教育,2017（06）: 54.

剧内涵，充分体现"创造性戏剧"的本质价值和工具价值。①

　　然而，如果我们仔细剖析这两个概念，会发现它们在逻辑上并非完全等同。教育戏剧更多地被看作是一种应用于学校课堂教学的戏剧方法，而创造性戏剧则更侧重于其方法的即兴性、非演出性和过程性，以及它与一般舞台戏剧的区别。事实上，创造性戏剧的应用领域并不仅限于学校课堂或教育领域，它还可以应用于社区戏剧、戏剧治疗等多个领域。这一点在张晓华的著作《创作性戏剧教学原理与实作》了中得到了充分的体现，书中将教育戏剧、教育剧场（TIE）、儿童剧场（Children's Theatre）、少年剧场（Youth Theatre）以及社区戏剧、戏剧治疗等形式并列，展示了创造性戏剧的广泛应用。

　　即使我们将视线聚焦于中小学阶段，创造性戏剧的应用范围也超出了教育戏剧的边界。它可以被应用于这一阶段的TIE活动，为学生提供更加丰富和多元的学习体验。然而，由于教育戏剧与创造性戏剧在学校课堂教学中的应用高度一致，人们往往容易将两者等同起来。这种等同视之的趋势在学术界尤为明显，人们往往为了比较研究的方便而将两者混为一谈。

　　随着时间的推移，这种等同的趋势愈发明显。由于创造性戏剧的涵盖范围比教育戏剧和教育剧场更为广泛，教育戏剧的概念逐渐出现了泛化的现象。越来越多的学者开始将教育戏剧视为创造性戏剧的一个子集或变体，而不是一个完全独立的概念。例如，李婴宁在2008年对教育戏剧所下的定义便体现了这种泛化趋势："教育戏剧是一种区别于舞台演出的、以过程为主的、即兴表演的戏剧形式。参与者在指导人的引导下，运用想象、调动自己的经验，在戏剧实践中开拓、发展、表达、交流彼此的理念与感觉，以达到开启智力、增加知识、活跃身心的目的。"②这一定义实

――――――――
①洪珊瑚. 英文儿童戏剧表演课程教学实践探索[J]. 闽西职业技术学院学报, 2023（2）: 114.

②转引自徐俊. 教育戏剧的定义："教育戏剧学"的概念基石[J]. 湖南师范大学教育科学学报, 2014, 13（06）: 32.

际上是对创造性戏剧经典定义的一种延伸和拓展，体现了教育戏剧概念在中国的泛化和发展。

（3）教育戏剧与戏剧教育

教育戏剧与戏剧教育，两者在表面上看似相似，但实际上在教育理念、目标、形式和实施方式等方面存在显著的差异。

教育戏剧的核心在于"教育"。它是以戏剧作为载体，运用戏剧与剧场的技巧，引领参与者在规定情境中体验和表达，没有既定的台词、动作、故事情节，主要通过参与者自己的观察、想象、创造和反思来达到教育目的。在教育戏剧中，戏剧元素和技巧被用作教学手段，用以引导儿童自发性地探索问题、事件与各种关系（家庭、社会、健康、环境等），拓展认知，提高语言的准确性，激发创造力，培养社会技能等。因此，教育戏剧并不要求参与者学会表演，而是要求参与者通过戏剧实践，更好地表达自我，体验和感知生活。而戏剧教育则更侧重于对戏剧专业人才的培养。它的教育内容和目标是戏剧知识和戏剧能力，旨在培养具有较高文化艺术修养，基本掌握戏剧创作理论与技能，能够从事大中小学戏剧教育工作并具备组织演剧活动潜质的新型的复合型专门人才。在戏剧教育中，学员会接受系统的戏剧理论学习和实践训练，包括编剧、导演、表演、舞美等多个方面，以全面提升其戏剧素养和专业能力。

从实践应用的角度来看，教育戏剧在国内戏剧艺术教学及人文学科教学中都发挥着非常重要的指导作用，对少年儿童的素质提高及成人的素养提升都有着重要的作用。而戏剧教育则更多地体现在专业的艺术院校或剧团中，为培养专业的戏剧人才提供必要的教育资源。

尽管教育戏剧与戏剧教育存在明显的差异，但在实际的教学过程中，两者并非完全独立。教育戏剧在运用戏剧元素和技巧时，可能会借鉴戏剧教育中的一些方法和手段；而戏剧教育在教学过程中，也可能会采用教育戏剧的一些教学方法，以提高学生的综合素质。在教育实践中，可以根据具体的教学目标和内容，灵活选择和应用这两种教育形式，以达到最佳的教学效果。

在探讨教育戏剧的过程中，我们时常会面临一些概念上的泛化和混淆。这些现象以及它们背后所隐藏的深层需求，其实都源于一个核心事实：即"戏剧"与"教育"这两个词汇各自都有着广义与狭义的不同解读。

就"戏剧"而言，它在狭义上常常被理解为舞台上的表演艺术，如《辞海》所定义的那样。然而，这种定义显然无法全面涵盖诸如教育戏剧等非舞台形式的戏剧活动。为了弥补这一缺陷，李婴宁提出了"大戏剧观念"，将戏剧划分为舞台戏剧和应用戏剧两大类，其中教育戏剧作为应用戏剧的一个分支，大大拓展了戏剧的外延。

如果我们把包括舞台戏剧与应用戏剧在内的广义"戏剧"理解为"通过参与者的想象与扮演再现人类经验的一种社会活动"，就会发现其本质恰恰涉及的是"做什么"（再现人类经验）和"怎么做"（通过想象与扮演）。①

与此同时，广义的教育也可以被看作是人类经验的传递过程。也就是说，教育是社会生活的延续，它依赖于经验的传递来维系。然而，并非所有形式的经验传递都可以被称为教育。真正的教育需要满足三个核心条件：首先，经验的传递必须是有意识的；其次，所传递的经验必须是积极的、有益于个人和社会发展的；最后，教育的过程必须以道德上可接受的方式进行。

将这三个条件应用于广义的戏剧概念，我们可以发现教育戏剧作为一种特殊的戏剧形式，既保留了戏剧通过想象与扮演再现人类经验的本质特征，又符合了教育有意识传递善的经验的要求。因此，我们可以将教育戏剧理解为一种通过想象与扮演的方式，有意识地传递和再现对人类有益的经验的社会活动。这样的定义不仅揭示了教育戏剧的本质内涵，也为我们进一步探索和实践教育戏剧提供了有力的指导。

2. 教育戏剧的内涵

"教育戏剧"与"戏剧教育"虽只有词序之差，却蕴含着截然不同的

---

①徐俊. 关于教育戏剧的语词、定义与划分的再思考[J]. 基础教育, 2017（06）: 53.

教育理念和实践方式。相较于传统的戏剧教育，教育戏剧更是一种深度的教育融合，它以戏剧为工具，为学习者创造一个充满想象力、创造力与反思空间的学习环境。

在教育戏剧中，学生们不仅仅是戏剧的参与者，更是学习的主体。他们通过角色扮演、场景模拟、即兴创作等方式，深入体验各种角色与情境，从而更加深刻地理解自我与他人，以及社会与文化的多样性。这种学习方式不仅锻炼了他们的表演技能，更重要的是培养了他们的观察力、思考力、共情力和团队合作能力。

教育戏剧还注重学习过程的体验与探索，而非仅仅关注表演的结果。它鼓励学生们在戏剧活动中发现问题、解决问题，通过实践来学习和成长。这种过程性的学习方式有助于激发学生们的学习兴趣和主动性，使他们能够在轻松愉快的氛围中掌握知识和技能。

教育戏剧还具有很强的包容性和适应性。它可以针对不同年龄段、不同文化背景的学生进行个性化设计，让每个学生都能在戏剧中找到自己的位置和价值。同时，它也能够融入各种学科内容，实现跨学科的学习与整合。

如今，教育戏剧已成为一个日益受到重视的教育领域。它以其独特的教育价值和魅力，吸引着越来越多的教育工作者和学生们。我们期待教育戏剧能够在未来的教育体系中发挥更大的作用，为培养具有创新精神和实践能力的新一代人做出更大的贡献。

3. 发展教育戏剧应注意的问题

学校管理者对教育戏剧的认知与创新能力，是推动其在学校内蓬勃发展的关键力量。他们深刻认识到，教育戏剧并非仅仅是一种表演艺术，而是促进学生和教师全面发展的重要教育手段。教育戏剧的目的并非追求舞台上的华丽呈现，而是将其作为促进学生和教师成长的重要载体，融入学校教育的核心环节。

教育戏剧以其独特的方式，悄然影响着学校的各个层面。它不仅能够助力团队建设，促进不同学科之间的融合，还能丰富学校的团队活动，优化班级管理，以及加强家校之间的协同合作。通过多元化的途径，教育戏剧在学校工作中发挥着强大的艺术教育力量，为学生的全面发展提供有力支持。

对于教师而言，教育戏剧是一种全新的教育体验。通过亲身参与和体验，教师们能够更深入地理解学生的个性与需求，掌握对话式教学的精髓，并从学生的经验出发设计更具针对性的教学活动。

对于学生而言，教育戏剧为他们提供了一个亲身参与和体验的平台。通过角色扮演、情景模拟等方式，他们能够更深入地理解爱国、责任、尊重、合作等抽象概念，从而激发出自身的想象力和创造力，让他们在快乐中学习和成长。

在实施教育戏剧的过程中，学校需要展现出更加开放、包容和创新的态度。在教学空间、课时安排以及教师评估等方面，学校应给予教师充分的探索空间，避免用传统的标准和模式来束缚教育戏剧的发展。同时，学校还应与教师共同探索适合学校特点的教育戏剧发展路径，让这种新的教育形式在学校中焕发出勃勃生机。此外，任课教师的专业素养和能力也是决定教育戏剧实施效果的关键因素。他们需要具备丰富的教育、文化和艺术素养，能够灵活运用戏剧元素进行教学设计，捕捉学生生活中的问题，并通过戏剧的形式引导学生进行思考和探索。

由此可见，学校管理者应高度重视任课教师的培养和发展，为他们提供必要的支持和资源，让他们在推动教育戏剧在学校的发展中发挥更大的作用。同时，教师们也应不断提升自己的专业素养和能力，以更好地适应教育戏剧教学的需求，为学生的全面发展贡献自己的力量。

第二节　国外课本剧教学的发展历程

在西方世界，戏剧不仅是艺术领域中的璀璨明珠，其影响更是深入到了教育领域。学术史上对"戏剧性"问题的探讨从亚里士多德《诗术》开始，……戏剧具有"对行动的摹仿"与"通过动作来摹仿"这一双重性。"对行动的摹仿"，即情节制作，关乎本质；而"通过动作摹仿"，即表演方式，只是特征、种差。从戏剧本质出发，亚里士多德《诗术》中对"戏剧性"的界定，强调对行动的摹仿，即情节制作意义上的"戏剧性"，而对舞台表演的"戏剧性"多有贬抑。[①]

法国教育学家卢梭推动了戏剧在教育中的应用，他主张通过游戏扮演的方式，让儿童在实作中学习，特别强调了"成人归成人，儿童归儿童""戏剧性实作的学习"两个教育概念[②]。18世纪中叶，卢梭在《爱弥儿》中提出的"在戏剧中学习"（learning by dramatic doing）……为最初形成教育戏剧教学奠定了理论体系。[③]

随后，西方国家的教育戏剧历经了多个重要的发展阶段。这些阶段不仅标志着戏剧在教育领域的不断深化和拓展，更展现了其作为培养学生综合素质的有效途径的独特魅力。

1. 注重教学的教育戏剧

最早被记载将戏剧方法系统地应用于课堂的是英国女教师哈丽特·芬蕾·琼森（Harriet Finlay Johnson），她独具匠心地将戏剧融入课堂教学，尤其重视戏剧游戏在提升学生学习体验方面的作用。1911年，哈丽特创作完成《教学中的戏剧方法》，该书被认为是第一本介绍在学校教学中应用戏剧方法的著作。[④]她提出的戏剧教学法，将课程内容巧妙地转化为引人入胜的戏剧过程和故事，让学生在亲身参与中深化对知识的理解和感悟。

亨利·卡德威尔·库克（Henry Caldwell Cook）在此基础上进一步拓展了教育戏剧的边界，创新性地将文学学习与戏剧表演相结合，形成了富

①陈明珠."动作"还是"行动"？——亚里士多德《诗术》的"戏剧性"论述[J].艺术学研究, 2022（4）: 115.

②王世赞. 教育戏剧为何风靡全球[N]. 中国教师报, 2019-08-28: 03.

③杨慧琳. 教育戏剧的应用研究[M]. 上海: 上海交通大学出版社, 2020: 3.

④王世赞. 教育戏剧为何风靡全球[N]. 中国教师报, 2019-08-28: 03.

有创意的游戏式戏剧教学法和渐进式戏剧扮演策略。库克的《游戏方法》对英国戏剧教育产生了较大影响。[①]在库克看来："青少年儿童最自然的学习方式就是游戏，……最自然的教育方法就是练习、做事情，而不是去指导、去听如何做"。[②]

　　而在美国，温妮弗列德·瓦德（Winifred Ward）以其前瞻性的视角推动了教育戏剧的蓬勃发展，开创了"说故事""儿童创造性戏剧表演"等一系列教学方法，坚信每个孩子都拥有与生俱来的戏剧天赋。她于1930年出版的《创造性戏剧活动》（*Creative Dramatics*）一书首先使用创造性戏剧（creatire drama）这一概念，这本书也很快成为了全美中小学戏剧教育的基础性教材。与英国所不同的是，瓦德的创造性戏剧理论不仅仅是一种教学方法，而更多地强调让儿童在"创造"中建构概念，因此创造性戏剧理论作为美国教育戏剧的主流理论为日后美国将戏剧在中小学作为单独课程奠定了理论基础。[③]

　　2. 注重参与的教育戏剧

　　20世纪30年代，教育戏剧的理论体系逐渐完备，实践重心也转移至参与者通过戏剧活动所获得的体验如何促进个体成长。英国儿童戏剧教育创始人之一彼得·史雷（Peter Slade）将儿童戏剧（child drama）的内涵解释为"每一个儿童都拥有戏剧表达的潜质，这种潜质是重要的，因为是个人的"。后来另一位英国儿童戏剧教育创始人布瑞恩·维（Brain Way）所奉行的"戏剧存在于儿童之中"的哲学观点更加隐喻了儿童运用戏剧方式自由表达的本质。[④]他提倡从"学生为本"的视角出发，聚焦于学习者在自我概念、自我实现及自我认知等方面的成长，并提出了一种从个人练习到

①彭怡玢. 身体与学习：具身认知视域下的教育戏剧[J].龙岩学院学报, 2019（04）：87.

②转引自张晓华. 教育戏剧理论与发展[M]. 新北：心理出版社, 2010: 46.

③付钰. 国际教育戏剧研究的现状与热点——基于WOS的文献计量分析[J]. 外国中小学教育, 2018（2）：21.

④张金梅. 我国学前儿童戏剧教育的范式分析[J]. 西北师大学报（社会科学版），2017（03）：96.

团队协作的逐步深入的戏剧教学策略。

多萝西·希斯考特（Dorothy Heathcote）则创新性地提出了"教师入戏"与"专家外衣"的戏剧教学策略，她倡导构建一个真实可信的戏剧学习环境，提出将戏剧作为一种学习的媒介，强调戏剧的媒介属性，尤其注重运用戏剧与戏剧之技巧实现学科整合教育。①

在此基础上，盖文·伯顿（Gavin Bolton）进一步阐释了"体验当下"的理论内涵。学生在虚构的情境中探索议题，进入某一角色进行体验，更重要的是"活在其外"，意味着持续不断地捕捉这些体验的进程使我们能好好地观看它。"②

这一时期，教育戏剧的重心更多地放在了参与过程上，关注个体在戏剧活动中的真实体验与自我实现，重视参与者的过程性戏剧体验，从而明确了在教育戏剧中参与过程与结果呈现之间的主次关系。③

3. 注重课程的教育戏剧

20世纪中后期，教育戏剧崭露头角，成为西方各国学校教育体系中的核心课程之一。在这一时期，戏剧的艺术性本质得到了前所未有的凸显，使其在教育领域中独树一帜。

英国华威大学乔纳森·尼兰德斯（Jonothan Neelands）和古德（Tony Goode）在他们的著作《建构戏剧：戏剧教学策略70式》一书中将教育戏剧活动分为四类：建立情境活动、叙事性活动、诗化活动和反思活动。英国教育局的戏剧督导大卫·洪恩布鲁克（David Hornbrook）在其《教育与戏剧艺术》（*Education and Dramatic Art*）、《戏剧中的教育》（*Education in Drama*）等书中提出教育戏剧仅仅作为一种教学方法太过狭隘，教育戏剧的本质应该属于基本教育，学校应将其作为一门独立的艺术学科来让学

---

①雷晓彤. 教育戏剧与英文绘本整合的三种教学模式[J]. 当代教育家, 2022（08）：36.

②张金梅. 生长戏剧：学前儿童戏剧经验的有机建构[J]. 学前教育研究, 2019（10）：72.

③王琳琳, 邓猛. 西方教育戏剧的发展沿革与实施[J]. 比较教育研究, 2019（03）：85-86.

生系统化地学习。①。

　　在美国，兰妮·麦凯瑟琳（Nelie McCaslin）则开创了以"戏剧概念学习"为主导的课程模式。她根据儿童不同年龄段的认知特点，从培养表达性语言和肢体动作、戏剧创作能力以及戏剧审美素养三个方面，设计了涵盖幼儿园至小学六年级的戏剧课程和活动，为孩子们提供了丰富多彩的戏剧学习体验。她认为，教育戏剧是将戏剧的方法用以拓展儿童的认知，以趣味性的活动，使其检视事实真相，看出隐藏于事实内的真义。其目的在于认知而非戏剧表演。②

　　在长期的实践中，英美国家的实践者们达成共识，认为教育戏剧实践的核心理念是，通过戏剧活动尊重儿童自由表现，重视儿童在教学（学习）活动中想象力与创造力的激发，有效地促进儿童认识自我、同伴交往、社会认知等能力的发展。进而使得教和学的过程实现寓教于乐，寓教于情，寓教于美。让戏剧过程的"共鸣""好奇""愉悦""批判""审美"等效果发生在学校的课堂教学之中。③

　　1994年，美国颁布的《艺术教育国家标准》进一步推动了戏剧教育的发展。该标准构建了从幼儿园到高中的完整戏剧课程体系，涵盖了剧本创作、角色塑造、剧场技术、文化理解以及作品赏析等多个方面，为戏剧教育提供了全面的教学指导。

　　在此背景下，英国、澳大利亚、加拿大等国家也纷纷将戏剧纳入学校教育体系，与音乐、美术等课程并驾齐驱。如今，教育戏剧已经摆脱了对其他学科的依附性，成为艺术教育中不可或缺的重要组成部分，为学生们提供了一个展现自我、发挥创造力的广阔舞台。

---

①付钰. 国际教育戏剧研究的现状与热点——基于WOS的文献计量分析[J]. 外国中小学教育, 2018（2）: 21.

②王毅. 学校教育戏剧研究——从"英美经验"到"中国实践"[D]. 华东师范大学, 2019: 13.

③王毅. 学校教育戏剧研究——从"英美经验"到"中国实践"[D]. 华东师范大学, 2019: 摘要Ⅰ.

第三节　国外课本剧教学应用的实施策略

教育戏剧凭借其独特的课程架构与教学方法，成为推动课程革新与教学变革的重要力量。为了充分释放戏剧作为学习媒介的潜力，西方的教育戏剧研究者们进行了大量的探索与实践，旨在寻求最佳的实施策略，从而使戏剧在教育领域发挥出更大的效能，为学习者带来更加多元且深刻的学习体验。

1. 教学实施策略

教育戏剧的教学策略灵活多变，旨在辅助师生在特定情境中巧妙运用时间、空间，同时审视自我与他人的行为表现。这些策略不仅激发了学生的学习兴趣，还引导他们深入探索问题本质。在运用这些策略时，我们并不拘泥于固定的顺序或层级，而是根据教学需要灵活调整，最终目的是有效达成教学目标。

在教育戏剧的实践过程中，我们主要运用四类教学策略。一是情境构建策略，通过创设戏剧所需的场景和情境，帮助学生更好地理解故事背景、人物特性和空间信息。二是叙事引导策略，通过关键事件的叙述和情节的引入，引导学生深入体验故事情节，同时检验他们对故事内涵的理解。三是诗意表达策略，借助文字和身体语言的艺术表达，引导学生探索戏剧的象征意义，赋予作品更深的内涵和情感。四是反思提升策略，鼓励学生在戏剧结束后进行反思和总结，梳理情节脉络，评价角色表现，并深入探讨故事中的核心思想和主题，从而加深对戏剧艺术的理解和欣赏。

2. 教学模式

教学模式是在特定的教学思想或教学理论的指导下，经过长期实践，逐步形成的相对稳定的教学活动结构框架和活动程序。它是对教学活动的一种系统化、规范化的表达，旨在提高教学效果，实现教学目标。在西方，教育戏剧作为一种富有创意和实效性的教学方法，得到了广泛的应用。在教育戏剧实践中，四种主要的教学模式被广泛采用，它们分别是故事戏剧教学模式、角色戏剧教学模式、过程戏剧教学模式和多元探究教学模式。

故事戏剧教学模式是以文学作品如故事、儿童诗等作为教学素材，通过引导学生参与互动式戏剧创作，来实现教学目标。在这一模式中，教师首先选择适合学生年龄和兴趣的故事或诗歌作为教学内容。然后，通过朗读、讲解、观看影片等方式，帮助学生熟悉故事内容，理解故事背景和人物关系。接着，教师引导学生根据故事情节，进行角色扮演和即兴创作，让学生在亲身参与中感受戏剧的魅力，培养想象力和表达能力。最后，通过展示和分享学生的戏剧作品，进一步巩固学习成果，提升学生的自信心和合作精神。

角色戏剧教学模式则以发现问题、解决问题为核心，教师和学生在活动中扮演不同角色，来培养学生的独立思考和问题解决能力。在这一模式中，教师首先设定一个具体的情境或问题，然后引导学生进入角色，体验角色的情感和思想。通过角色扮演和互动讨论，学生需要分析问题出现的原因和解决方案，提出自己的见解和建议。在这个过程中，教师需要给予学生适当的指导和支持，帮助学生理清思路，发展批判性思维。最后，通过总结和反思，学生不仅能够加深对问题的理解，还能够提升沟通能力和团队合作能力。

过程戏剧教学模式则以事件的发展情节为线索，将教学内容转化为戏剧活动，注重学生的参与、体验和探索过程。在这一模式中，教师首先选取一个具有戏剧张力的情节作为起点，随后引导学生根据情节发展，进行即兴创作和表演。通过小组讨论、角色扮演、场景模拟等方式，学生需要推测和创造前后情节，形成一个完整的故事。在这个过程中，教师需要关注学生的表现和反馈，及时调整教学策略，确保学生能够充分参与和体验。最后，通过展示和分享学生的创作成果，进一步激发学生的创造力和想象力。

多元探究教学模式则利用学生的好奇心和探究欲望，提供不完整的信息或物品，从而引导学生在戏剧活动中探究问题出现的原因和事件经过。在这一模式中，教师首先设置一个充满悬念的情境或问题，然后提供相关的线索或物品，激发学生的探究兴趣。接着，学生通过观察、分析、讨论等方式，逐步揭示问题的真相和事件的经过。在这个过程中，教师需要给予学生足够的自由和空间，鼓励他们发挥想象力和创造力。最后，通过展示和分享学生的探究成果，进一步培养学生的批判性思维和创新精神。

这四种教学模式各具特色，可以根据具体的教学目标和需求进行选择和运用。在实际教学中，教师可以根据学生的年龄、兴趣和能力水平，灵活调整教学模式的内容和形式，以达到最佳的教学效果。同时，教师还需要不断学习和探索新的教学方法和策略，以适应不断变化的教育环境和学生需求。

3. 实施效果

教育戏剧的实证研究对于深入探索学生在戏剧环境下的学习机制具有重要意义，这些研究不仅充分展示了教育戏剧的实践成果，而且为教育戏剧在学校中的顺利推广和有效实施提供了可靠而有力的证据支持。

（1）教育戏剧能够使学生进行较深层次的思考和体验

教育戏剧以其独特的方式，在增强参与者的社会交往能力和构建人际关系方面，展现出了其他干预方式所难以企及的优势。它充分利用各种感官体验，有效促进了儿童沟通技巧的提升，使他们能够更自如地表达自我、解析观点，并明智地评估自身想法和问题。

在人类历史的长河中，戏剧作为一种天然的学习媒介，其蕴含的模仿、想象、扮演、分析与解释等要素，成为学习过程中的宝贵资源。在西方，教育戏剧的应用已贯穿学前教育至研究生教育的各个阶段，涉及社会研究、历史、数学、艺术、外语、价值观教育及教师培训等多个领域，让教育者与学生都能从中受益。

以教育戏剧为载体的课堂教学实践，能够让学生在体验中掌握知识的精髓，建立自我概念，形成正确的价值观和认知态度。杜威（John Dewey）认为："哪里的学校充分使用了戏剧化活动（dramatizations）、演剧（plays）和游戏，哪里的学校就有机会实现生活情境的再现，使学生在不断发展与更新经验的过程中获得知识与思想并将它们付诸实践。"[①]

（2）教育戏剧能够应用于特殊教育领域

在实施过程中，教育戏剧与戏剧治疗展现出诸多相通之处。特别是在特殊教育领域，它们为特殊需求儿童的身心发展提供了有力的支持。细究这些研究，可以发现它们具备以下鲜明特点：首先，研究对象涵盖了自闭症、智力障碍、学习障碍等多种类型的儿童，充分显示了其广泛的应用范围；其次，这些研究主要聚焦于学前教育阶段和小学阶段，这两个阶段被视为儿童身心发展的重要时期；再者，研究内容多侧重于教育戏剧如何促进特殊需求儿童的社会适应能力，特别是在同伴接纳、交往、社会同理心以及体验成功与自我满足等方面取得了显著的干预效果；最后，干预手段多采用模仿、角色扮演、默剧、故事戏剧等形式，这些方法不仅富有创意，而且能够有效地引导儿童参与和表达。

总的来说，对于身心障碍学生的戏剧活动，我们应注重从他们的生活经验出发，设计符合他们发展特点的活动，引导他们从具体到抽象地理解世界。同时，我们还应致力于营造一个安全、积极的学习环境，让每一位特殊需求儿童都能在这里找到归属感和成就感，从而真正实现他们的身心全面发展。

4.案例分析

在语言教学实践中，戏剧教学法尤为注重语言的实际运用与操作，同时高度重视培养学生的自主性、合作精神和探究学习能力。本书坚持客观、直接、真实的研究原则，以英国多德纳德中学为例，紧密结合英国中学语言教学和戏剧教学的课程标准要求，对不同年龄段的戏剧教学实践进行了详尽记录与深入分析，旨在探讨戏剧教学法对学生发展的深远影响。

---

① 转引自杨慧琳.教育戏剧的应用研究[M].上海：上海交通大学出版社,2020: 13.

多德纳德中学坐落于英国北爱尔兰东北部，是一所男女混合制学校，拥有广阔的校园和完备的教学设施。为适应北爱尔兰的整体课程体系，校内的教学功能区，涵盖了戏剧、信息通信技术、音乐、科学、特殊教育以及室内外体育场等多个专业领域的设施与场所。学校实行小班化教学，各班级学生人数不等，还提供了一系列适用于不同年龄学生的通用和应用课程，包括职业培训课程。多德纳德中学将英语、英语文学、数学、科学（包括生物、物理和化学的综合教学）以及体育设为每个年级的必修课，并根据年级的不同设置相应的选修课。每堂课的时长也根据教学内容的不同而有所调整。①

多德纳德中学在戏剧教学方面拥有丰富的师资和资源，这也是本书将其作为研究对象的重要原因。

（1）即兴的角色表演案例

戏剧是一个融合了即兴创作、精彩呈现、知识传递与反馈互动的综合性过程。在研究12至13岁年龄段的班级戏剧活动时，编者明显察觉到，即兴的角色扮演在这一年龄段群体中尤为流行。这种即兴的角色扮演，作为一种合作性的艺术表达形式，通过小组间的紧密合作，不仅帮助学生们积累了宝贵的表演经验，还催生了众多鲜活且充满创意的故事情节。

在学校的特色小舞台剧场课堂上，教师巧妙地将全班学生分成四个小组，两组人数各异，而另外两组人数则相等。为了打造一个既活泼又温馨的学习环境，教师别出心裁地布置了表演舞台：中央位置摆放了三把椅子，旁边是一张宽敞的长沙发，上面铺着柔软的毯子和舒适的抱枕，整个舞台充满了家的温暖。

这次课程的主题是"电视访谈——和睦的一家"。其中，有一组学生被特别选中作为主角，一名学生化身为主持人，另有两名学生扮演嘉宾团成员，他们优雅地坐在舞台上的嘉宾区，即那三把椅子旁。而其他的小

---

①张朗朗. 戏剧教学法在英国中学语言教学中的应用研究——以Dundonald high School为例[D]. 西南大学, 2012: 29.

组成员则分别扮演不同的家庭成员，每个小组成员都成为这个家庭中的一员，他们围坐在长沙发上，构成了温馨的采访区。这样的分组和角色安排不仅让学生们积极参与其中，体验不同的角色，更为课堂增添了浓厚的趣味性和互动性，使学习变得更加轻松愉快。

某个五人小组的表演让编者心生赞叹，他们精心演绎了克莱尔一家，每一个角色都栩栩如生。

克莱尔先生作为家中的顶梁柱，自信而坚定，他深情地说："我是这个家的爸爸，每天早出晚归，为了家人的幸福而辛勤工作。下班后，我总会为孩子们带回点心，为太太献上鲜花，这是我们之间的小幸福。"他紧紧拥抱家人，传递着温暖与爱意。

紧接着，克莱尔太太优雅地走上台，她温柔地说："我是家中的母亲，每日忙碌于家务与孩子的教育。为家人准备丰盛的饭菜，是我最大的心愿。每当看到他们吃得开心，我就感到无比的满足。"她的话语中流露出对家人的深深眷恋。

克莱尔家的小儿子则是一个活宝，他调皮地眨着眼睛说："我是家中的小捣蛋鬼，虽然经常惹妈妈生气，但我也是家里的开心果。我会保护妹妹，不让任何人欺负她。"他的坚定态度展现出了对家人的守护与责任。

克莱尔家的小女儿则害羞地低下了头，她轻声说："我是家中的小公主，虽然年纪小，但我很懂事。我喜欢为家人做饭，虽然手艺还有待提高。爷爷的肚子是我最喜欢的地方，每次看到都会忍不住想摸摸。"她的纯真可爱为家庭增添了无尽的欢乐。

最后，克莱尔爷爷缓缓走上台，他慈祥地说："我是家中的长者，虽然不常与孩子们住在一起，但我的心始终与他们相连。我喜欢散步、品茶，享受生活的宁静。每当想念孙子孙女时，我就会过来看看他们，与他们共度美好时光。"他的存在为家庭注入了更多的智慧与温暖。

表演结束后，嘉宾团与他们进行了深入的交流，探讨了家庭生活的点滴。随后，主持人引导每位家庭成员分享了他们心中的和睦家庭模样。整个表演过程持续了约12分钟，却让人仿佛置身于一个充满爱与欢乐的温馨家庭之中。

表演结束后，学生们围坐在一起，教师站在舞台中央，对每组的表演给予了高度的赞赏。随后，教师引导学生们展开了一场关于家庭伦理道德的讨论。在这场讨论中，学生们积极思考，用语言诠释着对生活的理解，展现出了他们的社会经验和丰富的想象力。

（2）电话情景表演案例

在另一年龄段的英语课堂上，教师带领14名学生进入特色小舞台剧场，展开了一场电话情景表演。尽管这只是作为一堂课的热身环节，时间相对短暂，却充满了趣味与活力。[①]课前，教师深思熟虑地将学生分为两组，并为他们精心准备了各具特色的角色卡片。这些角色卡片上，有的描绘着愤怒的家庭主妇，有的则是能说会道的保险推销员，还有天真烂漫的五岁孩童、忙碌的外卖店接线员、即将进行家访的教师以及专业且干练的公司前台等。由于教师采用随机抽取的方式，有时会出现意想不到的角色组合，如保险推销员与五岁小孩之间的对话，为表演增添了不少趣味。

在表演过程中，学生们全身心地投入到角色中。保险推销员用他那流畅而专业的语言，试图赢得对方的信任与好感。而小孩则表现出稚嫩与好奇，时而认真倾听，时而提出些让人忍俊不禁的问题。当推销员询问对方的需求时，小孩突然提出想要两瓶可口可乐，这一出乎意料的回答，让台下的观众捧腹大笑。

这种角色扮演的教学方式，不仅锻炼了学生的英语口语能力，更让他们在轻松愉快的氛围中，学会了如何在不同的社会情境中灵活运用语言。通过即兴发挥和创造，学生们不仅加深了对角色的理解，也提升了自己的表演技巧。教师在课前所做的充分准备，也为这次表演的成功奠定了基础。她精心设计的场景和角色，让学生在表演前就有了明确的方向和目标。她也在表演过程中适时地给予指导和建议，让学生在自主表现的同

---

① 张朗朗. 戏剧教学法在英国中学语言教学中的应用研究——以Dundonald high School为例[D]. 西南大学, 2012: 33.

时，也能得到专业的引领和启发。

（3）改编和演绎经典作品案例

《私人对话——选自推销员之死》这一经典片段，在15至16岁年龄段班级的英语文学课上被学生们生动地演绎出来。这部作品源于美国杰出剧作家阿瑟·米勒之手，深刻地描绘了一位命运多舛的推销员威利的心路历程，整部戏剧弥漫着沉重的情感氛围。而此次上演的《私人对话》片段，更是根据《推销员之死》的同名电影改编，为观众带来了一次别样的视听盛宴。

与先前2个年龄段班级的观摩课相比，这次表演无疑展现出了更高的专业水准。在遵循原著精神的基础上，学生和教师共同对剧本进行了精心的改编，使得舞美设置、人物服装、道具设计等方面都显得更为专业和精细。这样的表演，不仅仅是对原著的致敬，更是对戏剧艺术的深入探索和实践。[①]

对于15至16岁的学生们来说，这堂英语文学课不仅仅是一次语言的锤炼和思维的表达，更是一次专业戏剧素养的全面培训。在改编和演绎这部戏剧的过程中，学生们不仅需要具备扎实的文学功底和出色的语言表达能力，还需要具备丰富的戏剧舞台经验和敏锐的表达效果洞察力。这样的课程安排，无疑为学生们提供了一个展示自我、提升能力的绝佳平台。通过这次表演，学生们不仅深入理解了《推销员之死》这部经典作品的内涵，更在实践中提升了自己的戏剧表演和创作能力。

教师巧妙地根据学生的特点，将他们分成了多个小组，每个小组都通过随机抽签的方式，确定了各自的表演片段。在分组时，教师特别考虑了学生的语言水平，让不同水平的学生能够搭配在一起，互相学习、共同进步。那些语言基础扎实的学生，能够快速理解剧本内容，精准地把握角色特点；而语言水平稍逊的学生，则能在与同伴的合作中，逐步提高自己的

[①] 张朗朗. 戏剧教学法在英国中学语言教学中的应用研究——以Dundonald high School为例[D]. 西南大学, 2012: 35-36.

表达能力和理解能力。

同时，教师也非常重视对学生戏剧表演的反馈与评价。她认为，通过客观、具体的评价，学生可以更加清晰地认识到自己在表演中的优点和不足，从而有针对性地加以改进。在评价过程中，教师会仔细观察每个学生的表演细节，关注他们在角色塑造、语言表达、情感传达等方面的表现，并给出具体的指导和建议。

这种评价方式不仅有助于提升学生的表演水平，还能帮助他们更好地理解剧本、把握角色，从而更深入地体验戏剧艺术的魅力。而通过小组合作的形式，学生们还能学会与他人协作、沟通，培养团队合作精神和集体荣誉感。

（3）听说与写作

语音信息首先以声波的形式触及我们的听觉器官，触发听觉体验。在交流过程中，听者会调动自身已储备的语音、语义、语用知识，结合个人的社会文化背景和学习策略，对接收到的语音信息进行深入分析和理解，从而捕捉说话者所表达的思想和情感。这种听力技能要求我们对语音的细微差别和语义的深层含义具有敏锐的洞察力和识别能力。因此，听与说的紧密结合构成了我们日常生活中不可或缺的沟通手段。

在戏剧手法的教学模式中，学生成为学习的主体，而教师则扮演引导者的角色。教师会为学生提供多方面的支持，包括作品选择、动作编排指导、人物设定建议，以及服饰道具和舞台布景的设计建议等。在这个过程中，教师的专业知识和丰富经验不仅作用于学生，同时也在不断地积累和提升。这种互动式教学使得教师能够给予学生更多的思考和启发，从而加深他们对戏剧艺术的体验和理解。

以《角色表演》和《情境表演》等戏剧活动为例，教师会为学生创设相应的情境，并提供必要的角色卡片和语言支持。然而戏剧的表演过程则完全由学生自主完成，表演结束后，教师会对学生个体和小组的表现进行客观评价，这既是一个经验传授的过程，也是学生自我反思和启发的契机。

共鸣，作为推动教学活动不断前进的重要力量，它在师生关系和同学关系中发挥着不可或缺的作用。它是课堂教学中个性化教育的关键组成部分，有助于将学生的个性融入到共性之中。教师运用戏剧教学法为学生搭建学习框架，分配学习任务，并以积极、互动、合作和创新的态度参与到剧本和角色的探讨中。学生在这一过程中，在自己的学习空间里，通过听和说的实践，塑造自我意识，丰富自我体验。

写作，其本质是人类内心深处交流需求的一种外在表现。它不需要华丽的辞藻和繁复的修饰，只需要真诚地表达我们的思想和情感。而在探讨写作与戏剧的关联时，我们不难发现它们之间存在着一种紧密而微妙的关系。

戏剧为写作提供了丰富的素材和灵感，其通常包含丰富的人物、情节和冲突，这些都是写作的宝贵资源。通过观察和体验戏剧，我们可以汲取其中的情感和思想，然后将其融入到自己的写作中。例如，在观看一部戏剧时，我们可能会被某个角色的情感所打动，或者对某个情节的发展产生浓厚的兴趣。这些情感和兴趣点都可以成为我们写作的起点，引导我们展开更加深入的创作。

写作也反过来为戏剧提供了重要的支持，在写作过程中我们需要对人物、情节和对话进行精心的构思和安排，以确保故事的连贯性和吸引力。这些写作技巧同样可以应用于戏剧创作中。通过写作，我们可以更好地塑造戏剧中的角色形象，设计更加紧凑和引人入胜的情节，以及创作出更加生动和真实的对话。写作还可以帮助我们更好地理解和分析戏剧作品，从而为我们后续的创作提供有益的参考和启示。

写作与戏剧在表达方式和技巧上也存在着相互借鉴的可能。戏剧注重舞台表现和演员的表演，而写作则更注重文字的表达和读者的感受。但这并不意味着它们之间存在着严格的界限。相反，我们可以将戏剧的表演元素融入到写作中，使文字更加生动和形象；同时，我们也可以借鉴写作中的叙事技巧和修辞手法，为戏剧创作增添更多的层次和深度。

以上文中15-16岁的学生为例，他们在参与《私人对话——选自推销员之死》这次戏剧活动时，就充分展现了写作与戏剧之间的紧密关系。学生们通过阅读原著和观看相关视频资料，对戏剧的故事情节和人物形象有了初步的了解。他们运用自己的写作技巧和想象力，对角色进行深入的分析和塑造，创作出具有个性化和真实感的角色卡片，通过写作来设计剧本中的对话和情节发展，使故事更加紧凑和引人入胜。在舞台表演中，他们将自己的写作成果通过表演的方式呈现出来，让观众能够更加直观地感受到他们的创作成果。

总体而言，写作与戏剧之间存在着一种相互促进、相互支持的关系。通过深入挖掘它们之间的联系和借鉴彼此的优势，我们可以创作出更加丰富和精彩的文学作品和戏剧作品，而这种跨界的合作也能够拓宽我们的创作视野和思路，也为我们未来的创作带来更多的可能性。

第四节　课本剧在国内英语教学中的应用

课本剧在国内英语教学中的应用日渐广泛，它以其独特的形式和丰富的内涵，为英语教学注入了新的活力。通过将课本内容转化为戏剧形式，课本剧为学生提供了一个真实、生动的语言学习环境。在这个环境中，学生们通过角色扮演、情感投入和对话交流，不仅能够深入理解课文，还能够锻炼口语表达能力和语言运用技巧。课本剧也鼓励学生发挥想象力和创造力，自主设计角色、剧情和台词，这进一步激发了学生学习英语的兴趣和热情。在课本剧的排练和演出过程中，学生们需要密切合作，分工协作，这不仅能够培养他们的团队合作精神，还能够提高他们的组织协调能力。课本剧还能够帮助学生更好地理解文化差异，提升跨文化交际能力。通过演绎不同文化背景下的故事和情景，学生们能够更加深入地了解和体验英语国家的文化，从而增强对多元文化的理解和尊重。

1. 历史和背景

课本剧在国内英语教学中的应用历程是一个充满探索、实践与创新的过程。它随着教育理念的不断更新、教学方法的持续创新以及社会需求的转变而逐渐发展壮大，成为英语教学中一种富有成效的教学方式。

在早期，英语教学主要侧重于传统的讲授式教学，教师主导课堂，学生被动接受。这种教学方式虽然能够系统地传授语言知识，但往往缺乏实践性和趣味性，难以激发学生的学习兴趣。在这一阶段，课本剧并未得到广泛的应用，它更多的是作为一种文艺形式存在于学校的课外活动或文化节中。

然而，随着教育改革的推进和素质教育的提出，英语教学开始注重培养学生的语言实践能力和综合素质。在这一背景下，课本剧开始逐渐受到教育工作者的关注。一些具有前瞻性的教师开始尝试将课本内容改编成剧本，让学生在角色扮演和情景模拟中学习英语。这种教学方式不仅提高了学生的学习兴趣，也使他们能够在实际情境中运用语言，从而更好地掌握英语知识。

进入21世纪以来，随着全球化的加速和我国对外开放的深入，英语教育的重要性日益凸显。同时，随着多媒体和网络技术的快速发展，英语教学方法和手段也得到了极大的丰富和拓展。在这一背景下，课本剧的应用范围逐渐扩大，形式也更加多样。许多学校开始将课本剧纳入英语课程体系，作为一种重要的教学手段来提高学生的英语水平和综合素质。一些教师还结合现代科技手段，如使用多媒体设备展示剧本、录制表演过程等，使得课本剧的表演更加生动、形象，增强了学生的学习体验。

在这一时期，国内学者关于课本剧在英语教学中应用的研究也丰富了起来。2007年，惠幼莲在《把科学性与艺术性相统一的英语小剧教学》一文中认为："通过课本剧的教学活动过程可体现科学性、艺术性和情感性特征，当我们在努力体现这些特征时，课本剧教学的积极作用便充分发挥出来了。"[1]2009年，夏敏在《课本剧在英语教学中的应用》一文中提出："课本剧有'模仿型、创新型、改编型'，学生可以根据课文内

---

①惠幼莲.把科学性与艺术性相统一的英语小剧教学[J].现代教育论丛,2007（3）:67-70.

容进行自己对知识的组合，完成课本剧的编写。在进行编演课本剧时应遵循的原则是：'多样性原则、实践性原则、自主性原则'。"①2010年，李春雷在《课本剧表演在英语教学中的运用——"going home"课堂表演实录和点评》一文中认为："课本剧表演是教学中的好方法。在表演过程中，还可了解东西方文化差异，提高跨国界交际能力，提高学生的审美情趣。"②2011年，陈静在《浅析英语课本剧在初中英语教学中的运用》一文中认为："课本剧编写过程既是学生自主学习的体现又是学生合作学习的结晶。学生在编排中发挥集体的作用共同合作，争取更好地呈现各自的思想，小组之间相互竞争，呈现积极向上的学习风貌。"③2012年，戴小斐在《英语课本剧促进英语跨文化意识的培养——校本探索之英语课本剧的开发》一文中认为："英语课本剧可促进英语跨文化意识的培养，更好地完成英语课程所承担的提高人文素养的目的。"④毛慧在《从以内容为依托教学模式看课本剧在基础英语课程教学中的应用》一文中认为："以课本内容为依托的教学模式，能够提高学习兴趣，培养学生的思维想象和创新能力，活跃课堂气氛，促进对语言知识的理解，并锻炼团队合作，提高语言实际运用能力，帮助学生获得真实情感体验能力的课本剧能够增加学生文化背景及提高人文素养。"⑤

　　近年来，随着新课程标准的实施和英语学科核心素养的提出，课本剧在英语教学中的应用得到了更加广泛的认可和推广。新课程标准强调学生的主体性、实践性和创新性，要求教师在教学过程中注重培养学生的综合

①夏敏.课本剧在英语教学中的应用[D].华东师范大学，2009：46-47.
②李春雷.课本剧表演在英语教学中的运用——"going home"课堂表演实录和点评[J].教师，2010（17）：34.
③陈静.浅析英语课本剧在初中英语教学中的运用[J].成功（教育版），2011（5）：56.
④戴小斐.英语课本剧促进英语跨文化意识的培养——校本探索之英语课本剧的开发[J].校园英语：教研版，2012（11）：98.
⑤毛慧.从以内容为依托教学模式看课本剧在基础英语课程教学中的应用[J].安徽文学（下半月），2013（12）：152-154.

语言运用能力。而课本剧作为一种集知识传授、语言实践和文化体验于一体的教学方式，正好符合新课程标准的要求。因此，越来越多的教师开始尝试将课本剧与课堂教学相结合，探索出更多富有创意和实效性的教学方法。

现阶段，课本剧的应用还得到了教育部门和学校的支持。一些学校设立了专门的课本剧表演团队，为学生提供展示才华的平台；一些教育部门还组织了课本剧比赛和展演活动，鼓励学校和学生积极参与。这些举措不仅推动了课本剧在英语教学中的应用，也提高了学生的参与度和学习热情。

2. 价值分析

2022版义务教育英语课程标准作为我国英语教育的最新指导文件，为英语教学提供了明确的方向和目标。在这一背景下，课本剧作为一种创新性的教学方式，其在国内英语教学中的应用价值愈发凸显。这里结合2022版义务教育英语课程标准，从多个维度深入分析课本剧在英语教学中的应用价值。

（1）契合新课程标准理念，促进学生全面发展

2022版义务教育英语课程标准强调学生的主体性、实践性和创新性，要求教师在教学过程中注重培养学生的综合语言运用能力。课本剧作为一种集知识传授、语言实践和文化体验于一体的教学方式，正好契合了新课程标准的理念。通过参与课本剧的排演，学生不仅能够深入理解课文内容，还能够在实际情境中运用语言，提高语言实践能力。同时，课本剧的表演过程需要学生发挥想象力、创造力和团队协作能力，从而有效促进学生全面发展。

（2）丰富英语课堂教学的内容和形式

传统的英语课堂教学往往局限于教材和练习题，内容单一、形式刻板。这种教学方式往往难以激发学生的学习兴趣，也无法满足他们多样化的学习需求。而课本剧作为一种新颖的教学方式，能够为英语课堂教学注入新的活力和趣味性。

①课本剧能够丰富英语课堂教学的内容。通过将课本剧引入课堂，教师可以根据教材内容选择适合的剧本进行排演。这些剧本往往包含了丰富的故事情节和人物形象，能够为学生提供更加生动、具体的学习材料。在排练和表演的过程中，学生需要深入理解剧本内容，掌握人物性格和情节发展，这不仅能够加深对教材内容的理解，还能够拓宽他们的知识视野。

②课本剧能够丰富英语课堂教学的形式。传统的英语教学往往以讲授和练习为主，形式单一。而课本剧的表演形式多种多样，可以是独白、对话、歌唱、舞蹈等。这种多样化的表演形式不仅能够激发学生的学习兴趣，还能够让他们在表演中锻炼自己的语言表达能力和语音语调水平。此外，课本剧还可以结合其他艺术形式，如美术、音乐等，进行跨学科的教学，进一步丰富英语课堂教学的形式。

通过引入课本剧这一教学方式，英语课堂教学变得更加生动有趣，学生的参与度和体验感也得到了显著提升。他们可以在表演中展示自己的才华和个性，也可以在观看他人的表演中学习和借鉴。这种互动性的教学方式有助于营造积极向上的课堂氛围，促进师生之间的交流和合作。

（3）促进学生多元化发展

传统的英语教学往往忽视了学生的个性差异，采用一刀切的教学方式，导致一些学生无法充分发挥自己的优势。而课本剧作为一种综合性的艺术形式，为学生提供了展示自己个性和才华的平台。

在课本剧的排演过程中，学生可以根据自己的兴趣和特长选择适合自己的角色和表演形式。他们可以通过台词、动作、表情等方式来塑造人物形象，展示自己的个性和才华。这种个性化的表演方式不仅能够让学生更加深入地理解剧本内容，还能够培养他们的自信心和表达能力。

课本剧还鼓励学生进行创造性的表演和改编，学生可以在原剧本的基础上加入自己的理解和想象，对剧本进行改编和再创作。这种创造性的表演方式不仅能够培养学生的创新意识和实践能力，还能够促进他们的多元化发展。通过参与课本剧的表演和创作，学生可以发掘自己的潜力和兴趣，为未来的学习和职业发展打下坚实的基础。

（4）增强教师的组织和管理能力

课本剧的排演过程涉及多个环节和多个角色的协调与合作，这要求教师必须具备较强的组织和管理能力。

在剧本的选择上，教师需要充分考虑学生的年龄、兴趣、英语水平等因素，选择适合学生表演的剧本。这需要对剧本进行筛选、改编和整理，确保剧本内容符合教学目标和学生实际。

在排练过程中，教师需要合理安排时间，确保每个学生都有足够的练习时间。同时，教师还需要对排练进度进行把控，及时调整排练计划，确保表演质量。

在表演阶段，教师需要负责协调场地、灯光、音响等各方面的资源，确保表演顺利进行。这要求教师必须具备较强的协调能力和应变能力，能够处理各种突发情况。

通过参与课本剧的排演过程，教师可以锻炼自己的组织和管理能力，提升教学效率和教学质量。这种能力的提升不仅有助于教师在英语教学中更好地发挥作用，还能够为教师的职业发展奠定坚实的基础。

（5）促进情感教育和人文关怀

课本剧作为一种综合性的艺术形式，融合了语言、表演、情感等多种元素。在课本剧的排演过程中，教师需要引导学生深入理解剧本内容，体验人物情感，通过表演来传达情感和价值观。这要求教师必须具备较高的情感教育和人文关怀能力，能够关注学生的情感需求和内心世界，引导他们健康成长。

①课本剧的应用有助于教师关注学生的情感发展。在排练和表演过程中，教师需要关注学生的情感变化，及时给予关心和支持。通过与学生的互动和交流，教师可以深入了解学生的情感需求和困惑，帮助他们建立积极、健康的情感态度。

②课本剧的应用有助于教师培养学生的社会责任感和人文关怀精神。通过表演经典故事或现实生活中的情境，学生可以更加深入地了解社会现象和价值观，形成正确的世界观、人生观和价值观。教师在这一过程中发

挥着重要的引导作用，通过引导学生思考和讨论，培养他们的批判性思维和人文关怀精神。

3. 存在的问题

（1）与课程标准的契合度问题

缺乏对课程目标的深入理解：部分教师在使用课本剧进行教学时，可能并未深入研读2022版英语课程标准，导致对课程目标的理解不够深刻。因此，他们可能无法准确地将课程目标融入课本剧的设计和实施中，从而影响了教学的针对性和有效性。

忽视语言技能和文化理解的培养：课程标准强调语言技能和文化理解的培养，但在课本剧的实际应用中，部分教师可能过于注重表演技巧，而忽视了对学生语言运用能力和跨文化理解能力的培养。这可能导致学生在表演中虽然表现出色，但在实际的语言交际中却存在困难。

（2）教学内容与课本剧的融合问题

教材与剧本内容的不匹配：在选择课本剧的剧本时，部分教师可能未能充分考虑教材内容，导致剧本内容与教材主题或知识点脱节。这会使学生在参与课本剧的过程中难以将所学知识与实际情境相结合，影响了学习效果。

教学重心的偏移：有时，教师在设计课本剧时，可能会过于关注剧情的曲折和表演的精彩，而忽略了教学目标的达成。这会导致学生在享受表演乐趣的同时，未能充分掌握教材中的关键知识点和语言技能。

（3）教师角色和能力的挑战

角色定位的模糊：在课本剧的教学中，教师需要扮演多重角色，如导演、指导者、评价者等。然而，部分教师可能对自己的角色定位不够清晰，导致在教学过程中出现角色冲突或角色缺失的情况。

教学能力的不足：课本剧教学要求教师具备较高的组织能力、指导能力和评价能力。然而，部分教师可能在这些方面存在不足，导致无法有效组织和指导学生的表演活动，也无法对学生的表演给予准确的评价和反馈。

（4）评价和反馈机制的缺失

评价标准的模糊：在课本剧的教学中，缺乏明确、具体的评价标准。这使得教师在评价学生的表演时往往依赖于主观感受和经验判断，导致评价结果的客观性和公正性受到质疑。

反馈机制的缺失：有效的反馈机制是提升学生学习效果的关键。然而，在课本剧的教学中，部分教师可能未能及时给予学生有效的反馈和指导，导致学生无法及时了解自己的表演问题和改进方向。

（5）学生的参与度和差异性问题

学生参与度的不均衡：在课本剧的教学实践中，部分性格外向、表现欲强的学生往往更容易获得表演机会，而性格内向的学生则可能被边缘化。这种不均衡的参与情况会导致部分学生在学习中产生挫败感，从而影响其学习的积极性和效果。

学生英语水平的差异性：不同学生的英语水平存在明显差异，这在课本剧的教学中表现得尤为突出。对于英语水平较低的学生来说，参与课本剧可能存在一定的难度和挑战；而对于英语水平较高的学生来说，课本剧可能无法满足其学习需求。因此，教师在设计和组织课本剧教学时需要充分考虑学生的英语水平差异，提供不同层次和难度的表演任务。

编者在初中阶段的英语教学实践中发现，随着年级学习内容和知识量的增加，以及难度的增大，英语课堂变得越来越安静，学生对课堂活动的参与度越来越低，学生的分化越来越明显，尤其是高年级学生对机械的对话操练越来越失去兴趣。再者，传统的英语教学重视基础知识的传授和基本技能的训练，学生处于被动接受的地位，很少有愉悦和成功的实践体验。

因此，依据上述问题，我们进行了以下几点思考：

①如何克服现实的不利因素，有效地针对学生的个性，激发学生的学习兴趣，帮助学生形成学习动机，发挥他们的潜能，培养学生的学习能力？

②如何激活学生强烈的参与愿望，引导学生在英语教学过程中主动学

习、自主探究，引领学生进行创新思维，让英语课堂更有活力，提高他们的学科思维能力？

③如何在教学过程中落实和贯彻"面向全体学生，为学生的全面发展和终身发展奠定基础"，尊重和善待学生的个体差异，让每层面的学生都能有所收获？

心理学告诉我们：兴趣是人们力求认识某种事物或某种活动并伴有积极情绪色彩的心理倾向，是推动人们进行活动的最现实、最活跃的内部动机。[①]通俗地讲就是人喜欢某种事物，它就具有强烈的内在驱动力。英语教学要在培养学生兴趣上下功夫，把文字活化为话语；把教材内容活化为实际生活；把教学活化为交际，才能产生教学效果。"英语课本剧"是将国家教材中的课文或英语课外阅读材料进行加工、整理、改编成小品或者微型短剧，供学生在课堂、课外英语活动和校园文艺演出时进行表演。"英语课本剧"正是一种激发学生学习兴趣的动态的教学方式。

---

①高京丽.激发高中艺术生英语阅读兴趣的策略[J].河北师范大学,2011:摘要Ⅵ.

第四章　初中英语课本剧研究方法

初中英语课本剧研究方法涵盖了在初中英语教学环境中，如何运用课本剧这一形式进行深入探究和学习的方法论，它既是教学创新的一种体现，也是提高学生英语学习兴趣和实际应用能力的有效途径。

这一研究方法的核心在于"课本剧"。课本剧是以英语课本为蓝本，结合戏剧元素，通过角色扮演、情节再现等形式，让学生在实践中学习和体验英语。这种方法强调了学生的主体性和参与性，通过亲身参与课本剧的编排和表演，学生能够更深入地理解课本内容，同时提升英语听说读写能力。初中英语课本剧的研究方法强调"研究"二字，这意味着教师不仅要引导学生参与课本剧的表演，更要对课本剧的教学效果、学生参与情况、剧本创作过程等进行深入的分析和总结。通过研究，教师可以不断完善教学方法，提高教学效果，同时也可以为其他教师提供有益的参考和借鉴。

第一节　问题研究法

问题研究法是一种深入探究特定问题或现象的研究方法，其核心在于通过系统的分析和解读，揭示问题的本质、影响因素及解决方案。该方法以明确界定的问题为出发点，通过收集和分析相关数据，对问题进行全面而深入的剖析。问题研究法不仅关注问题的表面现象，更致力于挖掘其背后的深层次原因和内在规律，从而提出有针对性的解决方案或改进建议。这种方法在多个学科领域均有广泛应用，为科学研究和决策制定提供了重要的理论支撑和实践指导。

具体而言，问题研究法涉及多个关键步骤：研究者需要清晰地界定研究问题，确保问题的明确性和可操作性；根据问题的性质和需要，选择适当的数据收集方法，如问卷调查、访谈、实地观察等，以获取全面而准确的信息；运用统计方法或分析工具对数据进行处理和分析，挖掘数据背后的规律和趋势；研究者对分析结果进行解释和讨论，提出问题的解决方案或改进建议，并对研究结果的可靠性和有效性进行评估。

问题研究法的定义强调了它的科学性和系统性，它要求研究者遵循严格的逻辑和方法论原则，确保研究的准确性和可靠性。同时，问题研究法也注重实用性和应用价值，旨在通过解决具体问题，推动相关领域的发展和进步。

1. 来源

问题研究法的来源可以追溯至多个层面与维度，它们相互交织、互为补充，共同构成了这一方法的丰富内涵与深厚底蕴。

（1）文献研究是问题研究法不可或缺的基石。这一来源主要体现在对已有学术成果的深入挖掘与综合分析上。通过系统地查阅相关领域的书籍、期刊文章、研究报告等，研究者能够了解某一问题或现象的历史发展脉络、理论框架以及研究方法。这些文献不仅为研究者提供了宝贵的理论支撑，还帮助他们界定了问题的范围和边界，为后续的实证研究奠定了坚实的基础。

（2）实践经验是问题研究法的重要来源之一。这一来源主要体现在对实际问题的观察和解决过程中。研究者通过参与实践活动、与实际问题接触，能够获取第一手资料，了解问题的真实面貌和实际需求。这些实践经验不仅为研究者提供了丰富的案例素材，还帮助他们从实际出发，提出有针对性的解决方案和改进措施。

（3）政策导向和社会需求也是问题研究法的重要驱动力。政府和社会各界为了解决现实问题、推动社会进步，会提出一系列的政策和研究需求。这些政策导向和社会需求为研究者指明了研究方向和重点，使他们能够紧密结合实际，开展有针对性的研究。同时，政策导向和社会需求也为问题研究法提供了广阔的应用场景和实践机会。

（4）个人兴趣和专长也是问题研究法的重要来源之一。研究者对某一领域或问题的兴趣和热情，会驱使他们深入挖掘和探究，提出新的研究问题和观点。同时，他们的专业背景和技能也为研究提供了独特的视角和方法，使得研究更具创新性和深度。个人兴趣和专长的融入使得问题研究法更具个性化和针对性，有助于推动相关领域的研究和发展。

（5）跨学科交流和合作也为问题研究法注入了新的活力。不同学科领域的研究者通过交流和合作，可以打破学科壁垒，共享资源和信息，产生新的研究思路和方法。这种跨学科的融合有助于拓宽研究视野，提升研究的深度和广度。跨学科交流和合作不仅为问题研究法提供了丰富的思想碰撞和灵感来源，还推动了不同学科之间的交叉与融合，促进了学术研究的创新与发展。

2. 发展

问题研究法的发展是一个跨越多个世纪、不断深化和拓展的过程。

（1）19世纪末至20世纪初：起源与初步形成

在这一时期，心理学、教育学和其他社会科学领域的研究者们开始意识到，为了有效地解决现实问题，需要有一种更为系统、更具针对性的研究方法。这种需求催生了问题研究法的初步形成。研究者们开始尝试将实际问题转化为研究问题，并设计相应的研究方案来探索解决方案。虽然此时的问题研究法尚显粗糙，但它为后续的发展奠定了坚实的基础。

（2）20世纪中期：广泛应用与跨学科融合

到了20世纪中期，随着科技的进步和学科交叉的增多，问题研究法开始得到更广泛的应用。这一时期，研究者们开始将问题研究法应用于各个学科领域，从自然科学到社会科学，从工程技术到人文艺术，都可以看到问题研究法的身影。这一时期，不同学科之间的交叉融合也为问题研究法提供了更多的思路和工具。例如，数学模型的引入使得问题研究法能够更加精确地描述和预测问题；计算机技术的应用则使得数据处理和分析变得更加高效和便捷。

（3）20世纪后半叶至21世纪初：深化与系统化

在这一时期，问题研究法开始进入深化和系统化的发展阶段。研究者们开始更加注重问题的准确定义和研究假设的提出，以确保研究的针对性和有效性。同时，研究设计也变得更加精细和复杂，涉及到更多的变量和因素。而随着统计学和计量经济学等方法的发展，问题研究法也开始更加注重数据的收集和分析，以发现数据之间的关系和规律。这一时期的发展使得问题研究法变得更加科学、系统和有效。

（4）21世纪至今：创新与发展

进入21世纪后，问题研究法面临着新的挑战和机遇。随着全球化的推进和信息技术的快速发展，研究者们需要处理和分析的数据量急剧增加，也需要面对更加复杂和多变的问题。为了适应这些变化，问题研究法开始不断创新和发展。一方面，研究者们开始探索新的数据收集和分析方法，如大数据分析和人工智能技术；另一方面，他们也开始关注新的问题领域和议题，如可持续发展、气候变化等全球性问题。此外，跨学科的研究和合作也变得更加普遍和深入，为问题研究法的发展提供了更多的可能性。

值得一提的是，霍尔姆斯的问题法在这一时期得到了更广泛的关注和应用。他提出的以问题为导向的研究方法不仅在教育领域产生了深远影响，也为在其他领域采用问题研究法提供了重要启示。通过强调问题的实际性和针对性，霍尔姆斯的问题法使得问题研究法更加贴近现实需求和社会发展。

3. 霍尔姆斯的问题法

霍尔姆斯的问题法是一种深入且系统的研究方法，它强调通过提出问题、分析问题和解决问题来推动学术研究和实际应用的发展。该方法在教育研究领域，特别是比较教育学方面，产生了深远的影响。

霍尔姆斯的问题法起源于他对教育问题的敏锐洞察和深刻理解。他观察到，传统的研究方法往往过于理论化，与实际问题脱节，无法为教育改革提供有效的指导。为此，他提出了一种新的问题解决思路，即以问题为基础，通过深入研究和分析，找到解决教育问题的有效途径。

在霍尔姆斯的问题法中，确定问题是首要步骤。他强调，问题的选择应具有现实意义和挑战性，能够激发研究者的兴趣和好奇心。问题一旦确定，研究者需要对其进行深入的分析，包括问题的背景、涉及的领域以及需要解决的关键点。在这个过程中，霍尔姆斯提倡使用多种资料和信息来源，以便更全面地理解问题。

分析问题阶段，霍尔姆斯强调逻辑性和系统性。他提倡使用逻辑推理和批判性思维来剖析问题的本质和原因，并找出可能的解决方案，还鼓励研究者从多个角度思考问题，以避免陷入思维定式。

解决问题阶段，霍尔姆斯注重实践性和可操作性。他主张将研究结果应用于实际情境中，通过实践来检验和修正解决方案。此外，他还强调团队合作和跨学科交流的重要性，认为这些能够推动研究的深入和创新。

霍尔姆斯的问题法不仅在教育领域得到了广泛应用，还对其他学科产生了积极的影响。它提供了一种从实际问题出发，通过深入研究和分析来找到解决方案的研究思路。这种方法强调实践性和可操作性，有助于将研究成果转化为实际应用，解决社会实际问题。

4. 特点

问题研究法是一种系统而深入的科学研究方法，它的特点体现在多个维度上，这些特点共同确保了研究的精准性、实用性和创新性。

（1）问题导向性

问题研究法始终以实际问题为中心，将问题作为研究的出发点和归宿。这一特点主要体现在以下方面。

明确问题定义：研究者需要清晰地界定研究问题，确保问题的针对性和可操作性。这要求研究者对问题进行深入的剖析，把握问题的本质和核心。

针对性强：问题研究法强调针对具体问题展开研究，避免泛泛而谈。这要求研究者在选择研究问题时，紧密结合实际需求，确保研究具有实际意义和应用价值。

（2）系统性

问题研究法的系统性体现在其全面、深入、有序的研究过程中。具体来说，主要体现在以下方面。

全面考虑：问题研究法要求研究者从多个角度、多个层面来审视问题，确保不遗漏任何重要信息。这有助于研究者全面把握问题的全貌，为解决问题提供全面的依据。

逻辑严谨：问题研究法注重研究的内在逻辑，要求研究者在分析问题时遵循一定的逻辑顺序和规则。这有助于确保研究的连贯性和一致性，提高研究的可信度。

（3）创新性

问题研究法的创新性是其生命力所在，主要体现在以下方面。

挑战传统：问题研究法鼓励研究者打破传统观念和框架的束缚，勇于提出新的观点和见解。这有助于推动学科的发展和进步，为解决问题提供新的思路和方向。

方法创新：问题研究法不仅关注问题的内容，还注重研究方法的创新。研究者可以根据问题的性质和需求，探索新的研究方法和技术，以提高研究的效率和准确性。

（4）实证性

问题研究法的实证性是其科学性的重要体现，具体表现在以下方面。

数据支撑：问题研究法强调通过收集和分析实际数据来验证研究假设和结论。这要求研究者在研究过程中注重数据的收集和处理，确保数据的真实性和可靠性。

客观公正：问题研究法要求研究者在分析数据时保持客观公正的态

度，避免主观臆断和偏见。这有助于确保研究结果的客观性和公正性，提高研究的可信度。

（5）跨学科性

问题研究法的跨学科性是其灵活性和包容性的体现，具体表现在以下方面。

融合不同学科：问题研究法鼓励研究者从不同学科的角度和方法来分析和解决问题。这有助于打破学科壁垒，促进不同领域之间的交流和合作，为解决问题提供更广阔的视野和更丰富的资源。

促进创新：跨学科的研究往往能够带来新的思路和方法，推动研究的深入和创新。通过借鉴其他学科的理论和方法，问题研究法能够更全面地理解问题的本质和复杂性，提出更具创新性和实用性的解决方案。

5. 实际应用

问题研究法应用于英语教学，是极具针对性且效果显著的。它鼓励学生跳出被动接受的模式，积极投身于思考和探索的旅程，通过解决实际问题来锻炼和提升他们的英语语言能力和思维水平。

在课前准备环节，教师会仔细审视课程目标，并结合学生的实际情况，设计一系列与课程内容紧密相关的问题。以环保课文为例，教师可能会提出这样的问题："课文描述了哪些环保行动？这些行动在我们的日常生活中可以如何应用？你能否想到更多创新的环保方法？"这些问题的设置，旨在引导学生深入课文，理解环保的重要性，并激发他们的好奇心和探索欲望。

进入课堂环节，教师会运用多种方法来引导学生深入探究这些问题。小组讨论是其中的一种方式，学生们围绕问题展开热烈讨论，分享各自的见解。此外，教师还会运用角色扮演、情景模拟等教学手段，让学生在模拟的情境中运用英语进行交流，解决实际问题。比如，教师可能会设计一个模拟的环保讨论会，让学生们扮演不同的角色，用英语表达自己的观点和建议。这些活动不仅能提高学生的英语口语表达能力，更能培养他们的团队协作和问题解决能力。

在问题探究的过程中，教师特别注重培养学生的批判性思维和创新能力。他们会鼓励学生对课文中的观点进行质疑和反思，提出自己的独特见解。教师还会引导学生通过查阅资料、进行实地调查等方式，获取更多关于问题的信息，以拓宽他们的视野，形成更全面的认识。

除此之外，教师还会关注学生的个体差异，为不同层次的学生提供不同的探究问题和支持。对于英语基础较弱的学生，教师会设计相对简单的问题，并提供必要的词汇和语法支持，帮助他们逐步建立信心。而对于英语基础较好的学生，教师则会提出更具挑战性的问题，激发他们的深入探究和创新思考。

在评价环节，教师会关注学生的参与过程和探究成果。他们通过观察学生在课堂上的表现、检查学生的作业和报告等方式，全面了解学生在探究问题过程中的态度和收获。教师还会鼓励学生展示自己的探究成果，如进行口头报告、制作PPT等，以展现他们的英语综合运用能力和问题解决能力。

6. 注意事项

在英语教学中应用问题研究法时，教师需格外注意以下几个详细且具体的方面，以确保教学的有效性和学生的学习成效。

（1）深入了解和掌握学生的英语学习情况是基础。这包括对学生的词汇量、语法结构理解、口语和写作能力的评估。此外，还需了解学生的英语学习兴趣、学习风格以及他们的日常生活经验，以便设计与之相关且能够引发兴趣的问题。

（2）在问题的设计上，教师需要花费一番心思。问题不仅要紧扣教学内容，还要具有一定的探索性和启发性，能够引导学生进行深入的思考。同时，问题的难度要适中，既不能过于简单，导致学生失去探究的兴趣，也不能过于复杂，使学生感到无从下手。教师还需确保问题的多样性，涵盖不同的知识点和技能点，以全面提高学生的英语能力。

（3）在探究问题的过程中，教师应积极营造一种开放、包容的学习氛围，鼓励学生大胆表达自己的想法，与他人进行交流和讨论。同时，教师还要善于引导学生进行深入的思考，通过提问、讨论等方式，帮助他们逐步揭示问题的本质，找到解决问题的途径。

（4）教师在应用问题研究法时，还需要注意课堂的组织和管理。要确保每个学生都能参与到对问题的探究中来，避免部分学生被边缘化。同时，教师还要合理安排时间，确保学生有充足的时间进行思考和讨论，同时也要控制好课堂的节奏，避免出现时间上的浪费。

（5）教师的角色定位也至关重要。在应用问题研究法时，教师应从传统的知识传授者转变为学习的引导者和促进者。这意味着教师需要为学生提供必要的资源和指导，帮助他们解决在探究过程中遇到的问题，同时还要鼓励学生之间的合作与交流，促进他们的共同成长。

（6）在评价学生的学习成果时，教师应采用多元化的评价方式。除了关注学生的最终答案外，还应关注他们在探究过程中的表现、思维方式和合作能力等方面。通过综合评估，教师可以更全面地了解学生的学习情况，为他们提供更有针对性的反馈和建议。

7. 与课本剧研究的结合

问题研究法与课本剧研究的结合，是一种富有深度与创造力的教学方式。它让学生在探究问题的过程中，通过课本剧的形式将所学知识以生动、直观的方式展现出来，从而增强他们对学习内容的理解和兴趣。

问题研究法为学生提供了一个全面而深入地探究课本剧的框架，学生在教师的引导下，会围绕课本剧的主题、情节、人物等核心要素，提出一系列具有针对性的问题。这些问题不仅涉及到课本剧的表面内容，更深入挖掘其背后的深层含义、创作意图和社会价值。在探究这些问题的过程中，学生需要主动阅读、思考、分析和讨论，从而实现对课本剧的深入理解。

课本剧研究为学生提供了一个将问题研究法所得成果进行创造性转化的平台，学生在深入研究课本剧后，会根据自己的理解和创意，对剧本进行改编和再创作。他们需要重新设计角色、调整情节、优化台词，使课本剧更符合现代审美和观众需求。这个过程不仅锻炼了学生的创新思维和编剧能力，还让他们对课本剧有了更深入的认识和理解。

在问题研究法与课本剧研究的结合中，学生的参与性和主动性得到了极大的提升，他们不再是被动地接受知识，而是主动参与到问题的提出、探究和解决过程中来。他们会积极与同学合作，共同完成任务，并在课本剧的表演中展示自己的才华和创意。这种参与性和主动性的提升，不仅增强了学生的学习效果，还培养了他们的团队合作精神和领导能力。

问题研究法与课本剧研究的结合也有助于培养学生的跨学科素养，在探究课本剧的过程中，学生需要运用多学科的知识和观点来分析和理解。例如，他们需要借助历史知识来了解课本剧的创作背景，借助心理学知识来分析人物性格和动机，借助艺术知识来指导表演和舞台设计。这种跨学科的学习方式不仅拓宽了学生的知识视野，还培养了他们的综合运用知识解决问题的能力。

问题研究法与课本剧研究的结合，不仅有助于深化学生对课本内容的理解，更能有效提升学生的自信心和表现力。通过课本剧的排练与演出，学生们得以在舞台上展现自己的才华与魅力，获得观众的掌声与认可。这种成功的体验不仅显著增强了学生的自信心，还提升了他们的自尊心，使他们更加热衷于英语学习和表演活动。在这个过程中，学生们不仅提升了英语能力，更在舞台实践中获得了成长与喜悦，形成了积极的学习循环。

课本剧与问题研究法的结合在未来将更侧重于创新思维的激发、实践能力的锻炼以及跨学科知识的融合。通过将问题研究法融入课本剧的表演和创作，学生们不仅能够深入探索剧本的深层意义和社会价值，更能培养独立思考和批判性思维的能力。这种结合将强化学生的实际操作技能，通过亲身参与剧本的改编、表演和反思，使学生在实践中深化对知识的理解和应用。其中，跨学科知识的整合将成为重要一环，文学、戏剧、心理学、社会学等领域的知识将相互交融，共同构建学生全面的知识体系。这一综合性的学习模式将为学生带来更为丰富和深入的学习体验，助力他们的全面发展，并推动教育教学的不断创新与进步。

第二节　主题研究

　　主题研究是一种系统性的学术研究方法，它针对某一特定的主题或领域，通过深入探究、综合分析和全面解读相关资料，旨在揭示该主题的本质、内涵、发展脉络及其与其他领域的关联。在主题研究过程中，研究者通常会采用多种研究方法和技术手段，如文献综述、案例分析、实地考察、访谈调查等，以获取全面而准确的信息和数据。主题研究不仅要求研究者具备深厚的学科背景和扎实的研究能力，还需要具备敏锐的洞察力和创新思维，能够深入挖掘主题背后的深层次意义和潜在价值。通过主题研究，研究者能够形成对该主题的全面认识和理解，为相关领域的研究和实践提供有力的理论支撑和实践指导。

　　1. 起源与发展

　　18世纪末到19世纪初，德国民俗学研究形成热潮。以赫尔德为首的德意志语文学学者们在"民族文学""世界文学"的双重视野下，发现了比较文学这一兼容的交感区域。到19世纪末，科赫将主题学研究的内容纳入比较文学的范畴。日耳曼语文学中严谨的实证主义学风，也促进了主题学研究的壮大。①这些初步的探索，为后来的主题研究提供了宝贵的启示。

　　进入20世纪初，中国的顾颉刚成为主题研究的重要推动者。1924年，他在《北京大学歌谣周刊》上发表了《孟姜女故事的转变》一文，这篇文章对孟姜女故事的演变进行了深入的研究，并探讨了民间传说背后的文化意义。顾颉刚的研究不仅开拓了国内主题研究的新领域，也为后来的学者

---

①孟昭毅. 主题学在德国的发生学意蕴[J]. 天津师范大学学报（社会科学版），2022（2）：63.

提供了重要的研究范例。

在20世纪60年代的美国，哈利·列文（Harry Levin）发表了一篇重要的论文《主题学和文学批评》。在这篇文章中，他详细阐述了主题学在文学批评中的重要性，并强调了主题研究对于理解文学作品的深刻意义。哈利·列文的观点引起了学术界的广泛关注，推动了美国主题学研究的蓬勃发展。

韦斯坦因（Ulrich Weisstein）在其专著《比较文学和文学理论》中进一步扩展了主题学的理论框架。他详细论述了主题学的研究内容和方法，为主题研究提供了更为系统和全面的指导。韦斯坦因的著作成为主题研究领域的重要经典，对后来的研究产生了深远的影响。

进入21世纪，随着全球化的加速和学科交叉的增多，主题研究得到了更为广泛的应用。无论是在历史学、社会学还是心理学等领域，学者们都开始运用主题研究的方法来探究某一主题在不同领域中的表现和影响。而随着信息技术的进步，主题研究的数据收集和分析手段也变得更为多样化和高效。

2. 特点

主题研究是一种深入探索特定主题的研究方法，其特点不仅体现在研究目标的明确性、资料来源的广泛性上，还体现在其系统性、整体性、灵活适应性以及强调批判性思维等多个方面。

（1）主题研究法的研究目标非常明确。研究者通常会事先设定一个或多个具体的研究主题，这些主题可能是某一学科领域内的关键问题，也可能是跨学科的综合性问题。通过围绕这些主题展开研究，研究者能够有针对性地搜集、整理和分析相关资料，从而更加深入地探讨和理解该主题。

（2）主题研究的资料来源广泛多样。研究者可以根据研究主题的需要，从各种书籍、期刊、报告、网络资源等渠道获取相关资料。这些资料可能涉及多个学科领域，包括历史、文化、社会、经济等多个方面。通过广泛搜集和整理这些资料，研究者可以从多个角度和层面揭示主题的内涵和特征。在系统性和整体性方面，主题研究注重将各种分散的、零碎的资料和观点进行整合和归纳。研究者会运用各种研究方法和手段，如文献综述、案例分析、比较分析等，对资料进行深入的分析和解读。通过这些分析和解读，研究者能够形成一个完整的、系统的研究体系，揭示主题内在的逻辑关系和规律。

（3）主题研究还具有一定的灵活性和适应性。在实际研究过程中，研究者可能会遇到各种预料之外的情况和问题。这时，研究者可以根据需要灵活调整研究方法和手段，以适应不同的研究环境和条件。这种灵活性和适应性使得主题研究法能够在各种复杂和多变的研究情境下发挥有效作用。

（4）主题研究强调批判性思维的重要性。在进行主题研究时，研究者不仅需要搜集和整理资料，更需要对这些资料进行深入的分析和评价。这要求研究者具备批判性思维，能够对资料的真实性、准确性和可靠性进行判断。同时，研究者还需要运用自己的专业知识和分析能力，对资料进行深入解读和挖掘，从而得出客观、科学的研究结论。

3. 与问题研究的关系

主题研究与问题研究在学术研究中是紧密相连的两个维度，它们不仅各自具有独特的价值，而且相互交织、相互促进，共同构成了学术研究的丰富内涵。

（1）从研究目标的角度来看，主题研究和问题研究都旨在探索和解答学术领域中的未知问题，推动学科知识的积累和发展。主题研究侧重于对某一主题进行全面、系统的探讨，揭示其内涵、特征、发展脉络等，而问题研究则更加聚焦于具体的学术或实际问题，寻求其成因、机制和解决方案。虽然它们的关注点略有不同，但都是对未知领域的探索，旨在丰富和深化我们对某一领域的认识。

（2）从研究内容的角度来看，主题研究和问题研究之间存在着密切的联系。主题研究通常涵盖了多个子主题或问题，通过对这些子主题或问题的深入研究，能够更全面地揭示主题的整体面貌。问题研究也往往涉及到某个主题或领域内的具体问题，这些问题可能是主题研究的重要组成部分，也可能是对主题研究的深化和拓展。因此，主题研究和问题研究在内容上相互渗透、相互补充，共同构成了学术研究的丰富内容。

（3）从研究方法的角度来看，主题研究和问题研究也可以相互借鉴和融合。主题研究通常更注重文献综述、理论构建和定性分析等方法，通过对相关文献的梳理和分析，揭示主题的理论框架和内在逻辑。而问题研究则可能更加注重实证调查、数据分析等量化研究方法，通过收集和分析实际数据来验证和解释问题。在实际研究中，研究者可以根据研究主题和问题的特点，灵活选择和使用不同的研究方法，在最大限度上提高研究的准确性和有效性。

（4）从研究价值的角度来看，主题研究和问题研究相互促进，共同提升学术研究的水平。主题研究通过全面、系统的探讨，为问题研究提供了深厚的理论基础和丰富的背景信息，有助于研究者更深入地理解和分析问题。问题研究通过解决具体的学术或实际问题，为主题研究提供实证支持和实际应用的价值，进一步推动了主题研究的发展。

4.过程与方法

（1）确定研究主题

确定研究主题是主题研究的起点，也是整个研究过程的基础。在确定研究主题时，研究者需要注意以下几点。

阅读相关文献：通过阅读已有的学术著作、期刊文章等，了解该领域的研究现状、热点问题和争议焦点。这有助于研究者把握研究方向，避免重复他人的工作。

参加学术研讨会：参加相关领域的学术研讨会，与同行交流，了解最新的研究成果和动态。这有助于研究者拓宽视野，获取新的研究灵感。

明确研究目的和问题：在确定了大致的研究方向后，研究者需要明确具体的研究目的和问题。这有助于研究者聚焦研究重点，制订详细的研究计划。

（2）收集与整理资料

收集与整理资料是主题研究的关键环节，它涉及到数据的获取、筛选和分类。

制订资料收集计划：根据研究目的和问题，制订详细的资料收集计划，包括需要收集的文献类型、来源和数量等。

多渠道收集资料：通过图书馆、档案馆、互联网等多种渠道收集资料。在收集过程中，要注意确保资料的可靠性和权威性。

筛选和整理资料：对收集到的资料进行筛选和整理，去除重复、无关或低质量的资料，将剩余的资料按照主题或类型进行分类和编号。

（3）分析与解读资料

分析与解读资料是主题研究的核心环节，它涉及到对数据的深入剖析和解释。

定性与定量分析：根据研究需要，对资料进行定性和定量分析。定性分析主要关注资料的内容、意义和关系；定量分析则侧重于数据的统计和比较。

理论框架构建：在分析过程中，研究者需要构建一个合适的理论框架，以便更好地理解和解释资料。这有助于将研究结果置于更广阔的理论背景下，增强其说服力和应用价值。

比较与归纳：通过对不同资料之间的比较和归纳，发现它们之间的共性和差异，揭示主题的内在逻辑和规律。

（4）得出结论与撰写报告

得出结论与撰写报告是主题研究的最后阶段，也是研究成果的呈现和分享过程。

总结研究结果：根据前面的分析，总结研究的主要发现和结论。这些结论应该基于实证数据和理论分析，具有科学性和客观性。

提出建议与展望：根据研究结果，提出相应的建议或改进措施，并对未来研究方向进行展望。这有助于将研究成果转化为实际应用，推动相关领域的发展。

撰写研究报告或论文：将研究成果以报告或论文的形式呈现出来。在撰写过程中，要注意逻辑清晰、表达准确、格式规范。同时，还需要注意遵守学术道德和规范，避免抄袭和剽窃等行为。

5. 作用

主题研究的作用在学术领域中极为重要，它不仅能够深化我们对某一主题或领域的理解，还能够推动学术研究的进步和知识的创新。

（1）深化对主题或领域的理解

主题研究的核心作用之一是深化我们对特定主题或领域的理解。通过系统、全面地探讨某一主题，研究者能够揭示其内在的逻辑、结构和发展脉络，从而对该主题形成更为深入和全面的认识。

在具体研究中，研究者通常会运用多种研究方法，如文献综述、实证分析、比较研究等，以收集和分析与主题相关的各种信息。通过这些方法，研究者可以深入了解主题的历史背景、发展现状和未来趋势，以及主题与其他领域之间的关联和互动。这种全面的理解不仅有助于我们更好地把握主题的实质和内涵，还能够为我们提供新的研究视角和思考方向。

（2）推动学术研究的进步

主题研究在推动学术研究的进步方面发挥着重要作用。通过对某一主题的深入研究，研究者可以提出新的理论观点、假设和模型，从而推动该领域的理论创新和发展。

在主题研究过程中，研究者往往会发现一些新的研究问题或现象，这些问题或现象可能超出了现有理论的解释范围。为了解决这些问题，研究者需要提出新的理论框架或假设，并通过实证研究进行验证。这种过程不仅有助于推动理论的发展和完善，还能够为实践提供更为准确和有效的指导。

由于主题研究通常涉及多个学科的知识和方法，因此研究者需要借鉴和整合不同学科的理论和观点。这种跨学科的交流和合作有助于打破学科壁垒，推动学科之间的交叉融合和创新发展。

（3）为实践应用提供指导

主题研究不仅具有理论价值，还具有实践意义。通过对某一主题的深入研究，研究者可以揭示其在实际应用中的价值和意义，为实践提供理论支持和指导。

例如，在商业领域中，主题研究可以帮助企业了解市场需求、消费者行为、竞争格局等方面的信息，从而制定更为有效的市场策略和营销方案。在政策制定领域，主题研究可以为政策制定者提供科学依据和决策支持，帮助他们更好地解决社会问题、推动社会进步。

主题研究为技术创新提供了思路和方向，通过对某一领域的前沿技术和趋势进行研究，研究者可以提出新的技术创新点和方向，为技术创新提供理论支撑和实践指导。

（4）促进学术交流和合作

主题研究还可以促进学术交流和合作。在主题研究过程中，研究者需要与其他同行进行交流和讨论，分享彼此的观点和发现。这种交流和合作有助于拓宽研究者的视野和思路，提高研究的水平和质量。

主题研究还可以推动学术界的合作和发展。通过共同研究某一主题或领域，不同国家和地区的学者可以加强合作和交流，共同推动该领域的发展和创新。这种合作不仅有助于推动学术研究的进步，还能够促进不同文化之间的交流和融合。

6. 主题研究在英语教学中的应用

主题研究在英语教学中的应用是一种综合性、深入性的教学策略，它不仅能够提升学生的语言技能，还能培养他们的批判性思维、跨学科理解以及自主学习能力。

（1）理论依据

主题研究在英语教学中的应用基于多种教育理论和语言学习原理，它符合建构主义学习理论，强调学生在主动建构知识的过程中，通过探索、发现和解决问题来深化理解。主题研究也体现了语言学习的交际性原则，通过与他人合作和交流，学生能够更好地运用语言进行沟通和表达。主题研究还强调跨学科学习的重要性，有助于培养学生的综合能力和创新思维。

（2）实施步骤

确定研究主题：教师根据学生的兴趣、年龄和英语水平，选择一个具有挑战性和探索性的主题，如环境保护、人工智能、全球化等。

制订研究计划：教师和学生共同制订研究计划，明确研究目标、任务分工和时间安排。学生可以分组进行，以便更好地合作与交流。

收集与整理资料：学生根据研究计划，利用各种资源（如图书馆、网络资源、专家访谈等）收集与主题相关的资料，并进行整理和归纳。

分析与讨论：

分析与讨论是主题研究中的关键环节，它要求学生不仅要对收集到的资料进行深入的解读，还要能够形成自己的见解，并通过与同伴和教师的互动来丰富和完善自己的观点。

在这一阶段，教师可以先引导学生对资料进行分类和整理，明确资料中的核心观点、事实依据和论证逻辑。然后，学生可以分组进行小组讨论，分享各自对资料的理解和解读，提出自己的疑问和看法。在小组讨论中，教师应鼓励学生积极发言，尊重他人的观点，学会倾听和表达。

小组讨论结束后，教师可以组织全班性的讨论和交流。在这一环节中，各小组可以轮流展示他们的研究成果，包括观点、论据和结论等。教师和其他小组学生可以对展示的内容进行提问和点评，从而引发更深入的讨论和思考。

教师还可以邀请相关领域的专家或学者来校举办讲座或进行座谈，为学生提供更广阔的视野和更深入的见解。通过与专家的互动，学生可以更好地理解主题的内涵和外延，提升对主题的认知和理解。

在分析与讨论的过程中，教师应注重培养学生的批判性思维。教师可以引导学生对资料中的观点进行质疑和反思，提出自己的独立见解，并学会用事实和逻辑来支持自己的观点。同时，教师还应鼓励学生关注不同观点之间的联系和差异，形成全面的认识。

成果展示与反思：学生将研究成果以报告、演讲、展览等形式进行展示，并接受他人的评价和建议。在反思过程中，学生需要总结研究经验，提出改进方案。

（3）教学总结

主题研究在英语教学中的应用取得了显著成效，学生的语言技能得到了有效提升，他们能够更好地运用英语进行表达和交流；学生的批判性思维和跨学科理解能力得到了培养，他们学会了从不同角度思考问题，形成了全面的认识；学生的自主学习能力和团队协作能力也得到了提高，他们学会了独立解决问题，与他人合作完成任务。

然而，主题研究的应用也面临一些挑战。例如，教师需要具备较高的专业素养和教育技能，以引导学生进行有效的研究；学生需要投入更多的时间和精力来完成研究任务；同时，学校也需要提供足够的资源和支持来保障研究的顺利进行。

7. 与课本剧的结合

（1）主题研究与课本剧结合的可行性分析

主题研究与课本剧的结合，在教育实践中具有极高的可行性。

①两者在目标和要求上具有天然的契合性。主题研究注重培养学生的批判性思维、跨学科理解和自主学习能力，而课本剧则通过角色扮演和情景模拟，使学生更加深入地理解和体验教材内容。这种结合使得学生在学习过程中能够同时获得理论知识的提升和实践能力的锻炼。

②现代教育技术的发展为两者的结合提供了有力支持。教师可以利用网络资源、多媒体工具等现代技术手段，为学生提供丰富的研究资料和表演素材，使得主题研究和课本剧的制作更加便捷、高效。

③学生的参与意愿和创造力也是两者结合的重要因素。学生对课本剧的表演往往充满热情，他们愿意投入时间和精力去准备和排练。同时，主题研究也为学生提供了一个展示自己观点和才华的平台，激发了学生的创造力和创新精神。

（2）主题研究与课本剧结合的实施过程

确定研究主题与教材内容对接：教师需要仔细分析教材内容，找出适合进行主题研究与课本剧结合的点。这些点可以是教材中的某个重要人物、事件或观念，也可以是具有探讨价值的议题或话题。

制订详细的研究与表演计划：教师需与学生共同制订详细的研究与表演计划，明确研究目标、方法、时间安排以及课本剧的表演形式、角色分配等。这有助于确保整个过程的有序进行。

开展主题研究活动：学生根据计划开展主题研究活动，包括收集资料、整理信息、分析讨论等。教师可以提供必要的指导和支持，帮助学生解决研究中遇到的问题。

编写课本剧剧本：在主题研究的基础上，学生开始编写课本剧剧本。剧本应紧密结合教材内容，同时融入研究成果和创意元素。教师可以对剧本进行审阅和修改，提出改进意见。

排练与表演课本剧：学生根据剧本进行排练，准备表演。教师可以提供排练指导，帮助学生更好地呈现角色和剧情。最终，学生在课堂上或学校活动中进行课本剧表演，展示研究成果和表演才华。

（3）主题研究与课本剧结合的现实意义

提升学生的综合素质：通过主题研究与课本剧的结合，学生在理论知识、实践能力、创新思维等方面都得到了提升。他们不仅学会了如何深入研究一个主题，还学会了如何将研究成果通过表演形式展示出来。这种综合性的学习方式有助于培养学生的综合素质和全面发展。

激发学生的学习兴趣与热情：主题研究与课本剧的结合使得学习过程更加生动有趣，能够激发学生的学习兴趣和热情。学生在研究中发现问题、解决问题，在表演中展示自己、体验成功，这种成就感会进一步激发他们的学习兴趣。

培养学生的团队协作能力：在主题研究和课本剧的制作过程中，学生需要与他人合作、分工协作，共同完成任务。这有助于培养学生的团队协作能力和沟通能力，为他们未来的工作和生活打下基础。

促进跨学科学习与知识整合：主题研究往往涉及多个学科领域的知识，这使得学生在研究过程中能够接触到不同学科的内容和方法。通过整合不同学科的知识，学生能够形成更加全面、深入的认识和理解。同时，课本剧的表演也需要学生将所学知识进行综合运用，这就进一步促进了对知识的整合和迁移。

第三节　准实验研究

准实验研究是一种社会科学研究的方法，旨在检验干预措施的真实效果。这种方法在实际情境中进行，通常在真实的教室、学校、医院或社区等环境中进行，使得研究结果能够指导实践和政策制定。与真正的实验研究相比，准实验研究缺少了对研究对象的随机分组，因此其严谨性略低，所产生的因果结论的效度也比真正的实验研究低。然而，由于准实验研究要求的条件相对灵活，因此在无法控制所有可能影响实验结果的无关变量时，具有广泛的应用性。

在准实验研究中，研究者通常选择一个实验组和一个对照组，然后比较两组的差异。尽管无法确认是否存在其他可能影响结果的变量，但研究者可以通过对各种因素进行分析来尝试证明因果关系。例如，研究者可能想研究某一种疾病是否与某种特定的食品有关，于是选择一组被测者吃这种食品，另一组被测者不吃，然后观察他们之间得疾病机率的差异。

准实验研究是一种介于实验研究和观察研究之间的研究设计，用于在实验不适用的情况下对因果关系进行研究。其优点在于所要求的条件灵活，能够尽可能地运用真实验设计的原则和要求，最大限度地控制偶发因素的影响，进行实验处理实施。因此，准实验研究的实验结果较容易与现实情况联系起来，即现实性较强。但由于其不能随机分配实验对象到实验组和对照组，所以其产生的因果结论的效度相对较低。

1. 起源和发展

在20世纪早期，随着社会科学研究的逐渐深入，实验方法开始被引入到各个领域中。然而，由于实验条件的限制和实际操作中的困难，传统的实验方法往往难以实施。正是在这样的背景下，准实验法作为一种替代方案开始受到关注。

为此，美国心理学家坎贝尔和斯坦利于1979首次提出了准实验设计的概念。他们意识到，在某些实际情境中，完全控制实验条件是不可能的，因此提出了一种更为灵活和实用的研究方法。这种方法不需要严格地随机分组和完全控制所有变量，而是利用现有的数据或情境进行研究，更接近于现实世界的实际情况。

随着准实验设计的提出，越来越多的学者开始关注这一领域。例如，在20世纪八九十年代，一些学者开始进一步发展和完善准实验设计的理论框架，提出了多种具体的准实验设计形式，如单组前后测设计、非等组前后测设计等。这些设计形式不仅丰富了准实验方法的应用范围，也为研究者提供了更多的选择和灵活性。

进入21世纪以后，随着社会科学研究的深入发展，准实验研究的应用领域也逐渐扩大。它不仅被广泛应用于组织管理、教育、心理学等领域，还逐渐扩展到社会学、政治学等其他社会科学领域。在这些领域中，准实验研究帮助研究者解决了许多实际问题，提供了有价值的信息和见解。

随着统计方法和计算技术的不断进步，准实验研究的分析方法也日益丰富和精确。例如，交叉滞后组相关设计、回归间断点设计等方法的提出和应用，使得准实验研究能够更准确地揭示变量之间的关系和干预效果。

近年来，随着互联网和大数据技术的快速发展，准实验研究也迎来了新的发展机遇。利用大数据和人工智能技术，研究者可以更方便地获取和分析数据，从而进行更大规模的准实验研究。这不仅提高了研究的效率和准确性，也为准实验研究的进一步发展提供了有力支持。

2. 特点

准实验研究作为社会科学领域的一种重要研究方法，具有一系列独特且具体的特点，这些特点使得它在处理实际问题时具有独特的优势和价值。

（1）准实验研究的显著特点之一是实验对象的非随机化分配。在真实验研究中，实验对象通常会被随机分配到实验组和对照组，以确保结果的客观性和可靠性。在准实验研究中，由于各种实际因素的限制，研究者往往无法做到随机分配。这意味着实验组和对照组的构成可能存在一定的差异，从而增加了结果的变异性和不确定性。尽管如此，这种非随机化的分配方式也使得准实验研究更加贴近现实，能够处理更复杂、更实际的问题。

（2）准实验研究的研究条件更接近现实环境。与真实验研究所采用的人工控制环境不同，准实验研究通常在现实环境中进行，例如在学校、医院、社区等。这种接近现实环境的研究条件使得准实验研究的结果更易于推广和应用到实际情境中。准实验研究也允许研究者更深入地了解干预措施在实际操作中的效果，包括可能出现的干扰因素、参与者的真实反映等。这种现实性强的特点使得准实验研究的结果更具实践意义和应用价值。

（3）准实验研究在控制程序上表现出极大的灵活性。由于现实环境的复杂性和多变性，准实验研究无法像真实验那样严格控制所有变量，但研究者可以根据实际情况和研究目的，灵活地选择控制变量的方式和方法。例如，研究者可以采用问卷调查、访谈等方式收集数据，通过统计分析来控制其他因素的影响。这种灵活性使得准实验研究能够适应多种不同的研究情境，解决各种实际问题。

（4）准实验研究注重干预措施的实际效果。与真实验主要关注变量间的因果关系不同，准实验研究更关注在实际操作中，某种干预措施是否能够带来预期的效果。这意味着准实验研究不仅关注干预措施本身的设计和实施，还关注其在现实环境中的实际应用和效果评估。这种关注实际效果的特点使准实验研究的结果更具有实践指导意义和应用价值。

（5）准实验研究通常需要结合其他研究方法进行综合分析。由于准实验研究的局限性，其结果往往需要结合其他研究方法（如观察法、案例研究等）进行补充和验证。这种综合分析方法可以使得研究结果更加全面和准确，提高研究的信度和效度。通过与其他研究方法的结合，准实验研究可以充分利用各种方法的优势，弥补彼此的不足，从而得到更加深入和全面的研究结果。

3. 与真实验研究相比的优点和缺点

（1）优点

环境真实性高：准实验研究通常在现实环境中进行，而不是在人工控制的实验室环境中进行。这使得准实验能够更准确地反映实际情境下的变量关系和干预效果。与真实验相比，准实验的研究结果更容易被推广应用到实际生活中。

灵活性与适用性：准实验研究不要求严格地随机分组或控制所有变量。这种灵活性使得准实验能够应用于各种复杂和多样的研究场景，尤其是当随机化和完全控制难以实现时。相比之下，真实验的研究设计可能更加严格和局限。

成本效益较高：由于准实验研究的操作相对简单，不需要像真实验那样投入大量资源进行实验设计和控制，因此其成本通常较低。这使得准实验研究在资源有限的情况下成为一种经济高效的选择。

适用于长期追踪研究：准实验研究往往可以在较长时间内进行，对实验对象进行长期追踪观察。这使得准实验研究能够长期干预措施的效果和变化过程，提供更深入的理解。

（2）缺点

内在效度较低：准实验研究的控制水平相对较低，难以完全排除其他变量的干扰。这可能导致实验结果不够准确和可靠，使得准实验在揭示因果关系方面相对较弱。相比之下，真实验通过严格控制和随机化能够提供更可靠的因果关系证据。

随机化不足：准实验研究中通常难以实现严格的随机分组，可能导致实验组和对照组之间存在系统性的差异。这种差异可能干扰对结果的解释和推断，降低研究的可信度。

外部干扰因素多：在现实环境中进行准实验研究时，很难完全控制所有可能影响实验结果的外部因素。这些干扰因素可能导致实验结果的变异性和不确定性增加，使得结果的解释更加复杂。

样本选择和代表性：准实验研究的样本选择可能受到实际条件的限制，导致样本代表性不足。这可能影响到研究结果的普遍性和适用性，使其难以推广到更广泛的人群或情境中。

4. 过程与方法

（1）实验准备阶段

明确研究目的：研究者首先需要清晰地定义研究的核心问题和目标，这通常基于实际的社会需求或理论背景。通过明确研究目的，研究者可以为后续的实验设计和数据收集提供明确的方向。

选定研究课题与形成假说：根据研究目的，研究者会选定一个具体的研究课题，并基于已有知识和理论形成研究假说。这个假说通常是对变量之间关系的预测或假设。

确定实验类型：根据研究问题的性质，研究者会确定合适的实验类型，例如前后测实验、控制组实验等。

选择实验对象：准实验的一个特点是它通常利用实际情境中的被试，而不是通过随机抽样选取。研究者会基于研究的需要和现实条件选择合适的被试。

设计实验方案：在这一阶段，研究者会详细规划实验的操作流程，包括如何操纵自变量、控制无关变量，以及如何测量因变量等。

（2）实验实施阶段

进行实验操作：按照实验方案，研究者会进行实验操作，包括数据的收集、记录等。在这一过程中，研究者需要确保操作的准确性和一致性，以获取可靠的数据。

记录实验情况：实验过程中，研究者需要详细记录实验情况，包括实验条件、被试的反应、数据的变化等。这些数据将用于后续的数据分析。

（3）数据分析阶段

数据整理与清洗：收集到的原始数据需要进行整理和清洗，以去除错误、重复或无关的数据。

统计分析：使用适当的统计方法，如描述性统计、推论统计等，对数据进行分析，以揭示变量之间的关系和规律。

结果解释：根据数据分析的结果，研究者会解释变量之间的关系，提出研究结论，并讨论这些结论对现实或理论的意义。

（4）结果讨论与报告撰写

结果讨论：研究者会对实验结果进行讨论，包括结果的可靠性、有效性以及可能存在的局限性。

撰写研究报告：最后，研究者会撰写详细的研究报告，包括实验的目的、方法、结果和讨论等部分，以便将研究成果分享给同行和利益相关者。

需要注意的是，准实验研究的过程和方法可能因具体的研究问题和情境而有所不同。因此，在实际操作中，研究者需要根据具体情况灵活调整实验设计和分析方法。同时，确保研究的严谨性和可靠性也是至关重要的。

5. 在英语教学中的应用

准实验研究在英语教学中的应用，是一种结合科学性和实用性的探索方法。它旨在通过精心设计的实验，在自然或实际的教学环境中，深入探讨英语教学过程中的各种变量关系。这种方法不仅有助于提升英语教学质量，还能为教学实践提供有力的科学依据。

以某市的一所初中英语课堂为例，研究者进行了一项关于"互动式游戏教学法与传统讲授法对学生英语学习兴趣和成绩影响"的准实验研究。在这个案例中，研究者选择了两个英语水平相近的班级，其中一个作为实验组，采用互动式游戏教学法；另一个作为对照组，维持传统的讲授法教学。

在实验组的班级中，研究者引入了一系列设计精良的英语互动游戏，如角色扮演、词汇接龙和情景对话等。这些游戏旨在通过趣味性和互动性，激发学生的英语学习兴趣，并促使他们积极参与课堂活动。与此同时，对照组的班级则按照传统的讲授法进行英语教学，注重知识的传授和语法的讲解。

经过一学期的实验，研究者对两个班级的学生进行了综合评估。他们发现，实验组的学生在英语学习兴趣上有了显著的提升，课堂上积极发言、主动参与游戏的情况明显增多。相比之下，对照组的学生虽然也在一定程度上掌握了英语知识，但整体学习氛围较为沉闷，缺乏积极性和互动性。

在成绩方面，实验组的学生也表现出了一定的优势。他们的英语成绩普遍有所提高，尤其在口语表达和听力理解方面进步明显。而对照组的学生虽然成绩稳定，但在某些方面如口语流利度和听力反应速度上略显不足。

这一案例充分展示了准实验研究的优势和应用价值。通过在实际教学环境中进行灵活的实验设计，研究者能够观察到学生在不同教学方法下的真实表现，从而得出更为准确和可靠的结论。此外，准实验研究的灵活性也使得研究者能够根据不同学校和学生的实际情况，调整实验设计，使其更具针对性和实用性。

但需要注意的是，准实验研究的效率相对较低，因为其难以完全控制所有可能影响实验结果的无关变量。因此，在解读和应用准实验研究结果时，研究者需要谨慎对待，避免过度解读或夸大结论。为了提高研究的效度，研究者可以采取一系列措施来降低无关变量的影响，如通过预实验来识别并控制潜在的干扰因素，或者在分析数据时采用适当的统计方法来控制误差。

综上所述，通过具体案例的详细分析，我们可以更深入地理解准实验研究在英语教学中的应用及其优势。这种研究方法不仅有助于提升教学质量，还能为教学实践提供有力的科学支持。未来，随着教育技术的不断发展和教学方法的不断创新，准实验研究将在英语教学中发挥更加重要的作用。

6. 与课本剧的结合

准实验研究与课本剧的结合，在教育领域中展现出其独特而深入的价值。这种结合不仅为教学方法的创新提供了动力，也为科学研究的实证提供了丰富的素材，进一步促进了学生的全面发展，并在文化传承与创新方面发挥了积极作用。

（1）从教育教学方法的创新角度来看，准实验研究与课本剧的结合打破了传统教学的束缚。传统的课堂教学往往侧重于知识的灌输，学生往往处于被动接受的状态。而课本剧作为一种参与性强的教学方法，使学生在扮演角色、体验情感的过程中，更深入地理解课文内容，提高了学习的主动性和趣味性。准实验研究则通过科学的方法，对这种教学方法的效果进行了系统的评估。研究者通过对比实验组和对照组学生的学习成果，发现课本剧教学能够显著提高学生的课堂参与度、学习兴趣和学习效果。

（2）从科学研究的实证角度来看，准实验研究与课本剧的结合为教育科学研究提供了实证支持。传统的教育研究往往依赖于问卷调查、访谈等间接方法，难以直接观察学生的学习过程。而准实验研究通过实地观察、数据收集和分析，能够更直接、更准确地了解学生在课本剧教学中的表现。研究者可以通过观察学生在角色扮演、情感表达、语言运用等方面的表现，收集到丰富的教学数据，进而分析课本剧教学对学生学习兴趣、语言表达能力和情感认知等方面的影响。这些实证数据为教育决策和教学实践提供了有力的支持。

（3）从学生发展的促进角度来看，准实验研究与课本剧的结合有助于促进学生的全面发展。课本剧教学通过角色扮演、情感交流等方式，能够培养学生的合作精神和团队合作能力。学生在参与课本剧的过程中，需要与同伴合作，共同完成任务，这有助于培养他们的沟通协作能力。同时，课本剧还能够提高学生的自信心和表现力，让他们敢于在舞台上展示自己的才华。准实验研究可以通过对比实验组和对照组学生的表现，分析课本剧教学对学生合作能力、自信心和表现力等方面的影响，为教育者提供有针对性的指导。

（4）从文化传承与创新的融合角度来看，准实验研究与课本剧的结合有助于推动传统文化的传承与创新。课本剧往往以经典课文为蓝本，通过改编和表演，将传统文化和经典故事以新的形式呈现给学生。这种形式既能够激发学生对传统文化的兴趣，又能够让他们通过亲身体验，更深入地理解传统文化的内涵。准实验研究可以通过对比不同版本的课本剧教学，分析其对文化传承和创新的作用，为传统文化的现代传播提供有益的参考。

7. 未来趋势

准实验研究在教学实践中的未来发展趋势，无疑将展现出多元化、精细化和智能化的特点。随着教育技术的不断革新和教学方法的持续创新，准实验研究在教学实践中的地位将愈发重要。

（1）准实验研究将与技术更加紧密地结合。数字化、智能化已成为教学实践的显著特征，而准实验研究将充分利用这些先进技术，实现更精准、更高效的数据收集和分析。例如，通过智能教学平台，我们可以实时追踪学生的学习过程，收集大量真实、细致的数据，为准实验研究的开展提供有力的数据支持。

（2）准实验研究将更加注重个性化教学的探索。每个学生都是独一无二的个体，他们的学习需求、学习风格和学习速度都有所不同。准实验研究将通过对比不同教学方法和策略在不同学生群体中的应用效果，揭示哪些方法更适合哪些学生，为教育者提供更具针对性的教学建议。

（3）跨学科研究与合作将成为准实验研究的重要方向。教学实践涉及多个学科领域，如教育学、心理学、社会学等。通过跨学科的研究与合作，我们可以从多个角度、多个层面深入理解教学现象，发现新的教学方法和策略。这种跨学科的融合将为准实验研究带来更加广阔的视野和更加深入的成果。

（4）准实验研究将更加注重实证研究与理论研究的相互补充和相互促进。实证研究为理论研究提供实证支持，而理论研究则为实证研究提供理论框架和指导。未来，准实验研究将更加注重与理论研究的结合，通过实证研究来检验和完善教育理论，推动教学实践的科学化、规范化。

（5）准实验研究将更加关注教育公平与质量提升的问题。教育公平是社会公正的重要体现，而教育质量则是教育发展的核心。准实验研究将通过对比不同地区、不同学校、不同学生群体的教学差异，揭示影响教育公平和质量的因素，提出有效的改进策略，为教育公平和质量的提升提供有力的支持。

第五章　将课本剧运用于
初中英语教学的理论基础

　　理论基础本质上是指某一学科或领域所依赖的核心概念和原理体系，这些概念和原理是学科知识体系构建的基石，为学科的进一步发展和实践应用提供了坚实的支撑。

　　理论基础是一系列基本概念和范畴的集合，它们构成了学科的基础框架。这些基本概念是对学科研究对象、属性和关系的抽象概括，是学科知识的起点和基石。通过对这些基本概念的界定和解释，学科得以建立起自己的话语体系和知识逻辑。理论基础还包括一系列的基本原理和假设，这些原理和假设是学科知识的核心内容，是对学科研究对象本质和规律的深入揭示。它们经过严格的逻辑推导和实证检验，被认为是相对稳定和可靠的，能够为学科研究和实践提供有力的指导。理论基础不仅仅适用于某一特定领域或问题，而是能够广泛适用于学科内的各种情境和情况。这种普遍性和普适性使得理论基础成为学科发展的基石，为学者提供了解决问题的基本思路和方法。

　　理论基础的形成是一个长期积累和不断完善的过程，它需要学科专家和学者通过大量的实践、研究和经验总结，不断提炼和深化对学科的理解，逐步构建和完善学科的理论体系。随着学科的发展和研究的深入，理论基础也需要不断地更新和拓展，以适应新的时代需求和社会变革。

第一节　多元智能理论

多元智能理论（Theory of Multiple Intelligences，简称MI理论）是由美国教育学家和心理学家霍华德·加德纳（Howard Gardner）提出的一种关于智力的理论模型。它突破了传统智力理论对智力的单一、固定化的定义，将智力视为一个多维度的、复杂的概念，从而为我们理解人类的智力提供了更为全面和深入的视角。

多元智能理论的核心在于强调智力的多元性。加德纳认为，人类的智力并非只是单一的、可以用智商测试来衡量的能力，而是由多种相对独立但又相互联系的智能所组成。这些智能包括语言智能、逻辑数学智能、空间智能、音乐智能、肢体–运动智能、自然观察智能等。每种智能都有其独特的表现形式和重要性，共同构成了人类的智力结构。

1. 起源和发展

多元智能理论的起源与发展是一个深远且复杂的过程，它紧密地关联着教育心理学、神经科学、社会文化学等多个学科领域的发展。

其起源可以追溯到20世纪70年代末和80年代初，当时的教育界和心理学界开始对传统智力观念提出质疑。传统的智力观念主要基于智商测试，将智力视为一种单一、固定的能力，忽视了人的多样性和复杂性。

霍华德·加德纳作为哈佛大学的一名教育心理学家，对智力的本质和测量产生了浓厚的兴趣。他开始对脑部受损的病人进行研究，发现即使某些人在某些智力领域表现出明显的缺陷，但在其他领域却可能拥有出色的能力。这一发现使他意识到智力的多样性和复杂性，从而开始思考智力的多元性。

　　加德纳进一步借鉴了人类学、心理学、神经科学等领域的研究成果，对智力的定义进行了重新的审视和界定。他提出了多元智能理论，认为智力是一个多维度的概念，由多种相对独立但又相互关联的智能所组成。这些智能不仅包括传统的语言智能和逻辑数学智能，还包括空间智能、音乐智能、肢体–运动智能、人际智能和自我认知智能等多种类型。

　　多元智能理论自提出以来，迅速引起了全球范围内的关注和讨论。越来越多的学者开始对这一理论进行深入研究，探讨不同智能类型的特点、发展规律和测量方法。同时，也有许多教育者开始尝试将多元智能理论应用于教学实践中，以更好地满足学生的个体差异和发展需求。

　　随着研究的深入和实践的开展，多元智能理论不断得到完善和发展。一方面，研究者们进一步细化和丰富了智能类型的分类，探索了更多可能的智能类型，如自然观察智能、存在智能等。另一方面，研究者们也开始关注不同智能类型之间的相互作用和关系，以及它们在个体发展中的作用和价值。

　　多元智能理论的发展还受到了社会文化因素的影响，随着全球化和社会多元化的发展，人们开始更加关注文化的多样性和包容性。多元智能理论强调对个体差异的尊重和包容，与这一社会趋势相契合，从而得到了更广泛的推广和应用。

　　多元智能理论的发展对教育领域产生了深远的影响。它推动了教育观念的转变，使人们开始关注每个学生的独特性和潜能，而不仅仅关注他们在传统智力测试中的表现。它也促进了教育方法的创新，教育者开始尝试采用多样化的教学方式和手段，以适应不同学生的智能特点和发展需求。

　　多元智能理论还对其他领域产生了积极的影响，例如在职业规划和人才培养方面，多元智能理论为人们提供了更加全面和客观的评估标准，帮助人们更好地认识自己的优势和劣势，选择适合自己的职业和发展方向。

　　综上所述，多元智能理论的起源与发展是一个不断探索和完善的过程。它不仅为我们提供了更加全面和深入的理解智力的视角，也为教育改革和发展提供了有力的理论支持和实践指导。随着研究的深入和实践的推进，我们相信多元智能理论将继续发挥更大的作用和价值。

2. 特点

（1）多元性。这一理论彻底颠覆了传统智力观念的单一性，将智力解构为多个独立但又相互关联的组成部分。这些智能包括但不限于语言智能、数学逻辑智能、空间智能、音乐智能、身体运动智能、人际交往智能以及自我认知智能等。每一种智能都有其独特的表现形式和发挥作用的领域。例如，语言智能体现在对语言的敏锐感知和运用上，而数学逻辑智能则关注于推理、问题解决和抽象思维的能力。这种多元性不仅让我们更全面地认识智力的多样性，也提醒我们在教育和培养过程中要关注个体的全面发展。

（2）互动性。这意味着各种智能并非孤立存在，而是相互作用、相互补充的。在实际生活中，解决问题和应对挑战通常需要调动多种智能的协同作用。例如，一个艺术家在创作时，不仅需要运用空间智能来构思画面，还需要借助音乐智能来感受节奏和旋律，甚至还需要通过人际交往智能与他人合作和交流。这种互动性使得智能的发展更加复杂和丰富，也要求我们在教育和培养过程中注重培养个体的综合能力。

（3）培养性。这一理论认为，每个人的智能都是可以通过教育和培养得到发展的，不同的个体可能在不同的智能领域具有不同的优势和劣势，但只要我们采用适当的教育方法和手段，就能够促进他们智能的全面发展。这种培养性为教育者提供了具体的指导，使他们能够根据学生的特点和需求，制定个性化的教育方案，从而帮助学生充分发挥自己的潜能。

（4）实践性。智能的发展离不开具体的实践经验。人们在实际生活和工作中，通过不断尝试、探索和反思，可以不断提升自身的智能水平。因此，教育者和家长应该鼓励学生参与各种实践活动，让他们在实践中锻炼自己的智能，积累宝贵的经验。这种实践性不仅有助于个体智能的发展，也有助于提升他们的综合素质和适应能力。

（5）灵活性。智能的发展是一个动态的过程，受到多种因素的影响和制约。在不同的环境和文化背景下，人们的智能可能会表现出不同的特点和优势。因此，我们在应用多元智能理论时，需要保持开放和灵活的心态，根据实际情况调整教育策略和方法。这种灵活性使得多元智能理论更加适应不同的教育环境和文化背景，为教育改革和发展提供有力支持。

3. 教育理念

多元智能理论所倡导的教育理念为现代教育带来了全新的视角，并提供了更加具体和深入的指导。

（1）在智力认识方面，多元智能理论坚信每个学生都具备独特的智能组合。因此，教育者需要摒弃传统的单一评价方式，转向更为细致和全面的评估方法。通过仔细观察和记录学生在不同领域中的表现，教育者可以更准确地把握每个学生的智能强项和发展潜力。这有助于提升教育的公平性，确保每个学生都能在适合自己的领域中得到充分的发展机会。

（2）在教学策略方面，多元智能理论强调课程内容的多样性和综合性。除了传统的语言和数学科目，艺术、体育、音乐和社会科学等领域也应纳入教学范畴。这种跨学科的教学方法有助于学生建立不同领域之间的联系，提升他们的综合素质。同时，教育者应根据学生的智能特点和兴趣，设计个性化的教学方案，以激发他们的学习热情和主动性。

（3）多元智能理论非常注重实践性和体验性的学习方式。它鼓励教育者为学生创造更多的实践机会，让他们在实际操作中学习和掌握知识。例如，通过组织实地考察、社区服务或项目式学习等活动，学生可以亲身体验知识的应用过程，从而加深对知识的理解和记忆。这种学习方式不仅能提升学生的实践能力，还有助于培养他们的创新思维和解决问题的能力。

（4）在教育环境营造方面，多元智能理论强调包容性和公平性。它要求教育者尊重每个学生的个性和差异，为他们创造一个安全、和谐的学习环境。在这个环境中，学生可以自由表达观点，与同伴们进行交流和合作。同时，教育者应特别关注弱势群体的需求，通过提供额外的支持和资源，帮助他们克服障碍，实现平等发展。

4. 在教育领域的应用前景

多元智能理论在教育领域的应用前景极为广阔且深入。该理论为我们提供了更为丰富、具体的视角来理解和发展学生的多种智能，从而推动教育实践的革新。

（1）多元智能理论将推动教育更加关注个体差异和个性化发展。每个学生都是独一无二的，他们拥有不同的智能组合和潜能。通过应用多元智能理论，教育者可以更加深入地了解每个学生的智能特点，为他们设计更符合其智能优势和需求的教学方案。这意味着每个学生都能够在学习中找到自己的兴趣点和发展空间，从而更好地激发学习动力和潜能。

（2）多元智能理论将促进课程与教学的创新与整合。传统的教育往往注重单一学科知识的传授，而多元智能理论则强调跨学科的学习和综合能力的培养。教育者可以依据学生的智能特点，设计跨学科的学习任务和项目，帮助学生建立不同智能之间的联系，培养他们的创新能力和综合解决问题能力。例如，在科学实验中融入艺术创作元素，或在社会研究中运用逻辑推理能力，这样的教学方式将使学生更全面地发展各种智能。

（3）多元智能理论将推动教育评估的多元化和个性化。传统的评估方式往往以考试成绩为唯一标准，无法全面反映学生的智能发展。多元智能理论主张采用多种评估方法，包括观察、记录、自我反思、同学互评等，以便更全面地了解学生的智能表现和发展情况。这样的评估方式不仅更加客观和公正，还能够更好地发现学生的潜能和优势，为他们提供更有针对性的指导和支持。

（4）多元智能理论还将促进教育资源的优化和共享。随着技术的发展，我们可以利用大数据、人工智能等工具来更好地分析学生的智能特点和学习需求，为他们提供个性化的学习资源和教学支持。同时，教育者之间也可以加强合作与交流，共享教学经验和资源，共同推动教育的发展和创新。

就实际情况而言，多元智能理论在教育领域的应用也面临一些挑战。例如，如何确保教育资源的公平分配，如何培养教师具备多元智能教学的能力，如何设计有效的评估工具等。为了克服这些挑战，我们需要加强教育政策的研究和制定，加大对教育者的培训和支持力度，同时加强教育研究和实践的结合，不断探索和完善多元智能理论在教育领域的应用。

5. 在英语课本剧教学模式中的体现

从多元智能理论的角度深入分析英语课本剧教学模式，我们可以进一步结合一个具体的案例——《罗密欧与朱丽叶》的排演过程，来详细展示该模式如何在实际教学中发挥作用。

（1）在语言智能方面，学生们在准备《罗密欧与朱丽叶》的过程中，需要对原著进行深入阅读和理解。他们不仅要学习新的词汇和表达方式，还要理解角色的情感和思想。在排练过程中，学生们通过台词的反复练习，提升了口语表达能力及对语音语调的掌握。例如，朱丽叶的台词充满了柔情蜜意，学生们通过模仿和体验，学会了如何运用语音语调的变化来传达角色的情感。这种深入的语言学习和实践，有效提升了学生的语言智能。

（2）逻辑数学智能在剧本分析和角色塑造中得到了锻炼。学生们在准备阶段，对剧本进行了详细的逻辑分析，理解了故事的情节发展、角色关系以及矛盾冲突。他们通过分析角色的性格特点和行为动机，为角色塑造提供了有力的支撑。例如，在分析罗密欧的性格时，学生们发现他是一个充满热情和冲动的年轻人，这一发现帮助他们更好地理解了罗密欧的行为和情感变化。这种逻辑分析和角色塑造的过程，不仅锻炼了学生的思维能力，也使他们对剧本有了更深入的理解。

（3）在空间智能方面，学生们通过舞台设计和布景制作，将文字描述的场景转化为具体的视觉形象。他们根据剧本的时代背景和情节需要，设计了符合剧情的舞台布景和道具。例如，他们制作了古罗马风格的服装和道具，营造出了浓郁的古典氛围。这种空间设计和布景制作的过程，不仅提升了学生的空间认知能力，也培养了他们的艺术审美和创造力。

（4）身体运动智能在表演中得到了充分展现。学生们通过身体动作、面部表情和声音变化来传达角色的情感和意图。他们根据角色的性格和情感变化，调整自己的肢体语言和声音表现。例如，朱丽叶在阳台上与罗密欧的初次相遇，学生们通过轻盈的步伐和羞涩的表情，生动地展现了朱丽叶内心的喜悦和紧张。这种身体语言的运用，不仅锻炼了学生的身体协调性和灵活性，也增强了他们的舞台表现力。

（5）人际智能在排练和表演过程中得到了培养。学生们在合作中学会了如何与同伴沟通、协商和解决问题。他们通过团队合作，共同完成了剧本的排练和演出任务。例如，在排练过程中，学生们经常需要就角色表现、舞台调度等问题进行讨论和协商，这锻炼了他们的沟通能力和团队合作精神。

（6）自我认知智能在反思和评价阶段得到了提升。表演结束后，学生们进行了深入的反思和评价，思考自己在表演中的表现、存在的问题以及改进的方向。他们通过反思自己在角色塑造、语言表达和身体表现等方面的不足，为今后的学习和成长提供有益的参考。

第二节　建构主义理论

建构主义理论（Constructivism）是一种关于知识和学习的理论，强调学习者的主动性，认为学习是学习者基于原有的知识经验生成意义、建构理解的过程。这一理论源自瑞士心理学家皮亚杰对儿童认知发展规律的研究，后经科尔伯格、斯腾伯格和卡茨等人的进一步探讨，以及维果茨基等人的深入研究，得以丰富和发展。①

建构主义理论的一个核心概念是"图式"，它指的是个体对世界的知觉理解和思考的方式，可以看作是心理活动的框架或组织结构。图式的形

---

①包翠菊,金志成.建构主义学习理论探析[J].社会心理科学,2004（2）:37.

成和变化是认知发展的实质，它受到同化、顺应和平衡三个过程的影响。同化是学习者将新知识纳入原有认知结构的过程；顺应则是当原有认知结构无法同化新知识时，学习者需要调整或重构原有认知结构以适应新知识；平衡则是学习者通过同化和顺应两种过程达到的认知结构的相对稳定状态。

1. 起源与发展

（1）起源阶段

在20世纪早期，瑞士心理学家皮亚杰开始对儿童认知发展进行深入研究。他观察到儿童并非被动地接受外界信息，而是通过与环境的互动，积极建构对世界的认知和理解。皮亚杰的这一发现，奠定了建构主义理论的基础，强调了学习者的主动性及其在知识建构中的核心地位。

（2）初步发展阶段

进入20世纪60年代和70年代，社会建构主义开始兴起。美国社会学家伯格（P.Berger）和勒克曼（T.Luckman）等人提出了社会建构主义观点，他们强调人类知识和现实是通过社会和文化互动建构起来的。[①]这一阶段的建构主义理论开始关注社会因素对个体知识建构的影响，并将研究焦点从单一的个体认知扩展到更广泛的社会和文化背景。

（3）认知建构主义阶段

随着20世纪80年代和90年代知识处理和认知科学的发展，建构主义理论进一步向认知领域扩展。认知建构主义强调人类知识和现实是基于我们与外部世界的交互作用，通过模式匹配和模拟等认知过程建构的。这一阶段的建构主义理论更加深入地探讨了认知过程中个体与环境的相互作用，以及认知结构在知识建构中的关键作用。

（4）社会文化建构主义阶段

到了20世纪90年代后期，建构主义理论进一步发展为社会文化建构主义。社会文化建构主义强调了文化和社会实践在知识和现实建构中的重要

---

① 詹全旺. 话语分析的哲学基础——建构主义认识论[J]. 外语学刊, 2006, 129（06）: 14.

性，同时也突出了话语和权力结构在知识建构中的作用。这一阶段的建构主义理论全面考虑了社会、文化和个体认知之间的相互作用，使建构主义理论更加丰富和完善。

（5）现代发展阶段

进入21世纪后，随着技术的迅猛发展和教育的不断变革，建构主义理论继续得到丰富和发展。教育者开始注重培养学生的主动性和创造性，鼓励他们通过探究、合作和反思等方式主动建构知识。同时，技术的发展也为建构主义理论的实践应用提供了更多可能性，如利用数字技术和网络资源来丰富学习环境和资源，以更好地支持学生的知识建构过程。

2. 特点

（1）建构主义理论的核心在于强调学习者的主体性。这意味着学习者不是被动地接受知识，而是成为学习活动的中心。他们根据自己的兴趣、经验和背景，主动探索和发现知识，将新信息与已有的知识结构相结合，形成自己的理解。例如，《Home alone》是一篇主题为"成长的烦恼"的课本剧，教师引导学生理清剧本中父母与孩子的冲突问题并探讨了产生冲突的原因与解决方法。……这样的写作训练不仅帮助学生强化了文本内容，更在深入理解文本的基础上产生自己的见解。[①]

（2）建构主义理论特别注重学习情境的设计和营造。它认为知识是在具体情境中建构的，因此学习环境对于学习的效果至关重要。教育者需要为学生创造真实、有趣、富有挑战性的学习情境，使学生能够在实践中体验知识的应用和价值。比如，在学习历史事件时，教师可以组织角色扮演活动，让学生扮演历史人物，通过模拟历史场景来深入理解历史事件的发展和影响。

（3）建构主义理论强调学习的社会互动性。它认为学习是一个合作与交流的过程，学习者通过与同伴、教师和专家的互动，共享资源、交流

---

①顾宏. 实地有效阅读 提升写作能力——《牛津高中英语》读写结合的一些思考与尝试[J]. 英语教师, 2015（19）: 121.

观点、解决问题，从而丰富和深化自己的知识理解。这种社会互动不仅有助于培养学生的团队协作能力和沟通能力，还能够激发他们的创新思维和批判性思维。例如，学生基于个人观点创编的剧本，是对知识经验或材料高度概括后形成自己的见解和思想，集中而系统地进行迁移创新的运用过程。再次创编剧本能够更好地促进学生创新思维能力的发展。[①]

（4）建构主义理论强调知识的动态性和发展性。它认为知识不是固定不变的，而是随着学习者的认知发展和经验积累而不断演变和完善的。因此，建构主义理论鼓励学习者保持开放的心态，不断反思和修正自己的知识理解，以适应不断变化的环境和需求。这种动态性使学习成为一个持续发展的过程，有助于培养学习者的终身学习能力。

（5）建构主义理论关注学习者的个体差异和多样性。它认为每个学习者都具有独特的认知结构、学习风格和兴趣爱好，因此应该根据他们的个体差异提供个性化的学习支持。教育者需要关注学习者的需求和兴趣，为他们提供多样化的学习资源和活动，以满足不同学习者的学习需求。这种关注个体差异和多样性的特点，使建构主义理论更具包容性和实效性，能够更好地促进每个学习者的全面发展。

3. 模式和方法

（1）教学模式

建构主义的教学模式强调学生是知识的主动建构者，而教师在这一过程中担任引导者和促进者的角色。具体来说，该模式包含以下几个核心要素：

以学生为中心的学习活动：在这一模式下，学生不再是被动地接受知识，而是积极参与到学习过程中，通过自主探索、实践体验等方式，主动建构自己的知识体系。教师则根据学生的需求、兴趣和已有经验，设计富有挑战性和启发性的学习任务，激发学生的主动性和创造性。

---

① 邓国丽.基于初中生思维品质提升的创编英语课本剧教学[J].基础教育外语教学研究,2022（8）：58.

情境化的教学环境：建构主义理论强调学习应在与现实生活紧密相关的情境中进行。因此，教师需要创设真实或模拟的情境，将学习内容与学生的生活经验和实际问题相结合，使学生在解决问题的过程中，自然地掌握知识和技能。

合作学习与互动：建构主义教学模式鼓励学生之间的合作学习与互动。学生可以通过小组讨论、角色扮演、共同解决问题等方式，与他人分享观点、交流经验，共同建构对知识的理解和认知。这种合作与互动的学习方式有助于培养学生的团队协作能力、沟通能力和批判性思维。

（2）教学方法：

建构主义理论的教学方法旨在激发学生的主动性、培养学生的创新思维和实践能力。以下是几种具体的教学方法：

抛锚式教学法：这种方法以真实事件或问题为"锚"，引导学生围绕这一核心内容进行深入学习和探究。教师首先呈现问题或事件，然后引导学生分析问题、收集信息、提出解决方案，并在这一过程中建构相关的知识体系。

随机通达教学法：这种方法强调对同一内容的学习应在不同的时间、情境和角度下进行。教师设计多样化的学习路径和入口，使学生可以从不同的角度和层面去理解和掌握知识。这种教学方法有助于培养学生的发散性思维和语言的综合运用能力。

支架式教学法：这种方法强调教师在学生学习过程中提供必要的支持和引导。教师根据学生的实际情况和学习需求，设计合适的学习支架（如概念图、问题引导等），帮助学生逐步深入理解知识、掌握技能，并最终实现独立学习。

角色扮演与模拟：通过角色扮演和模拟活动，使学生能够在模拟的情境中体验不同的角色和任务，从而更深入地理解知识、培养实践能力和创新思维。

4. 在教育领域的应用前景

在英语教学的传统模式中，教师往往占据主导地位，教材成为核心教学资源，而学生则常常处于被动接受知识的状态，在实际环境中运用英语的机会有限。然而，建构主义理论指导下的英语情境教学实践则另辟蹊径，它强调学生在真实或模拟的情境中主动探索、运用英语，通过与同伴的互动和合作来建构自己的语言知识体系。

在这一教学实践中，教师可以精心策划一系列与日常生活紧密相连的情境任务，比如"模拟餐厅点餐过程"或"模拟机场办理登机手续"等。在这些模拟情境中，学生将扮演不同角色，用英语进行实际交流，共同完成任务。此时，教师的角色转变为指导者和促进者，他们提供必要的支持和引导，帮助学生克服语言障碍，提升语言应用能力。

这种基于建构主义的英语情境教学实践具有诸多优势。首先，它通过创设真实或模拟的情境，让学生在实际应用中学习英语，从而极大地提高了学习的趣味性和实用性。其次，它鼓励学生主动参与和合作学习，让学生在互动交流中建构自己的语言知识体系，有效培养了他们的交际能力和团队协作精神。最后，它关注每个学生的个体差异和学习过程，尊重他们的学习方式和节奏，有助于实现真正意义上的个性化教学。

展望未来，基于建构主义的英语情境教学实践具有巨大的发展潜力。随着全球化步伐的加快和国际交流的日益频繁，英语作为国际通用语言的重要性愈发凸显。建构主义理论所倡导的让学生在真实情境中主动学习和运用语言的教学理念与当前英语教育的需求高度契合。同时，随着科技的飞速发展，多媒体和网络技术为英语情境教学提供了更为丰富多样的教学手段和资源，使得情境创设更加逼真、生动。

然而，我们也不能忽视建构主义在英语情境教学中的应用所面临的挑战。例如，如何设计出既具有针对性又兼具实用性的情境任务，如何确保学生在情境中的有效参与和深度合作以及如何科学评估学生在情境教学中的学习成果等问题，都需要我们在实践中不断探索和完善。

5. 在英语课本剧教学模式中的体现

（1）知识建构的深度过程

在课本剧《The Lion and the Mouse》的教学中，学生并非简单地接收文本信息，而是在与文本、同伴和教师的互动中，主动建构自己的知识体系。例如，在解析狮子的性格特点和行为动机时，学生可能会调动以往对动物行为的理解、生活经验甚至是对社会权力结构的认知，对狮子的角色进行多角度、多层次的解读。这种深度的知识建构过程，使学生不仅能够理解文本的表面意义，更能够挖掘其背后的深层含义，实现对知识的全面把握。

（2）主动性的全方位体现

建构主义理论强调学习者的主动性，在课本剧教学中，这种主动性体现在多个方面。首先，学生需要主动选择角色，这要求他们对自己的能力有清晰的认知，并对自己在团队中的角色有明确的定位。其次，在改编和排练过程中，学生需要主动提出自己的想法和建议，与同伴和教师进行深入的讨论和交流。最后，在表演过程中，学生需要主动调整自己的表演状态，以应对可能出现的各种情况。这种全方位的主动性，不仅提高了学生的参与度和投入度，也使他们在这一过程中获得了更多的成长和收获。

（3）情境性与社会性的融合

在课本剧教学中，情境性和社会性的融合为学生提供了一个真实而丰富的语言学习环境。通过创设与故事情节相符的情境，学生能够更加深入地理解文本内容，同时也能够在情境中运用语言，提高语言运用的准确性和流利性。此外，学生之间的合作与交流也是课本剧教学中不可或缺的一部分。他们需要共同讨论角色的塑造、情节的安排以及表演的技巧，这种合作与交流的过程不仅有助于培养学生的团队合作精神，也让他们在合作中学会了如何与人沟通、如何协调和处理各种关系。

（4）情感与认知的相互促进

建构主义理论还强调学习者的情感因素在认知过程中的作用。在课本剧教学中，学生的情感与认知是相互促进的。一方面，学生在表演中能够感受到成功的喜悦和自信心的提升，这种积极的情感体验能够激发他们的学习兴趣和动力，使他们更加积极地投入到学习中去。另一方面，通过深入理解和表演角色，学生能够更加深入地理解文本内容，提升对文本的认知水平。这种情感与认知的相互促进，使学生的学习过程更加丰富多彩，也使他们在学习过程中获得了更多的成长和收获。

第三节　合作学习理论

合作学习理论的基本概念是，它是一种基于学习者之间合作与互动的学习策略。在这种策略中，学生被组织成小组，共同追求学习目标，通过相互讨论、分享信息和合作解决问题来达成任务。合作学习不仅关注个人的学习和发展，更强调团队的整体表现，鼓励学习者在合作中相互支持、相互依赖，共同实现目标。这一理论的核心在于通过合作与共享，促进学习者之间的知识构建与深化，同时培养团队协作精神和社交能力。

1. 起源与发展

合作学习，这一独特而高效的教学理论与策略，自20世纪70年代初在美国兴起，便以其新颖的理念和显著的效果迅速吸引了教育界的目光。在随后的70年代中期至80年代中期，合作学习取得了实质性的进展，不仅在教学实践中得到了广泛应用，还在理论上得到了进一步的深化和完善。

合作学习之所以能够在短时间内取得如此显著的成效，关键在于它能够有效改善课堂内的学习气氛。通过小组合作学习的方式，学生之间可以相互尊重、相互支持，形成积极向上的学习氛围。这种氛围有助于激发学生的学习兴趣，提高他们的学习动力，使他们更加主动地参与到学习中来。

合作学习在提高学生学业成绩方面也表现出了显著的效果，通过小组合作，学生可以共同讨论问题、分享学习资源，相互帮助解决困难。这种学习方式不仅能够提高学生的学习效率，还能够培养他们的合作精神和团队意识。在合作学习的过程中，学生学会了如何与他人协作、如何有效沟通，这些能力对于他们的未来发展具有重要意义。

合作学习还注重培养学生的非认知品质。在小组合作中，学生需要学会倾听他人的意见、尊重他人的观点，这有助于培养他们的包容心和同理心。同时，通过共同努力完成任务，学生还能够体验到成功的喜悦和团队合作的力量，这有助于增强他们的自信心和责任感。

正是由于合作学习在改善课堂气氛、提高学生学业成绩以及培养非认知品质等方面的显著实效，它很快便引起了世界各国的关注。如今，合作学习已经成为当代主流的教学理论与策略之一，被广泛应用于各个学段和学科领域。自20世纪80年代末至90年代初，我国也开始对合作学习进行研究和实验。在这一过程中，我国教育工作者结合本国的教育实际和文化特点，对合作学习进行了本土化的探索和创新。通过多年的实践和研究，我国已经取得了一系列合作学习方面的成果，为提升教育质量、培养创新人才作出了积极贡献。

2. 理论基础

（1）目标结构理论

学生在课堂上知觉到的目标相关信息，即构成了课堂目标结构。[①]教师可通过使用标准分训练、呈现最高分学生的成果或对好成绩的学生有所偏向，来强调学生间的能力差异，学生也可知觉到课堂对掌握、理解和个人提高的强调，其中，奖励机制的差异会导致个体在追求目标过程中形成不同的相互作用方式。这些方式可概括为相互促进、相互对抗和相互独立三种类型，每种方式都会对个体的心理过程和行为模式产生独特的影响。

目标结构可进一步细化为合作型、竞争型和个体化型三种类型。在合作型目标结构中，团队成员拥有一个共同的目标，只有当所有成员都达成目标时，个体才被视为成功。这种结构促使成员之间形成积极的合作关系，共同为实现团队目标而努力。相比之下，竞争型目标结构则强调个体

---

①刘爱花. 课堂目标结构理论与大学英语自主学习能力的培养[J]. 群文天地, 2011（11）: 181.

间的对立竞争，个体的成功往往建立在他人失败的基础上，这导致成员间关系紧张。而个体化目标结构则注重个体的独立性和自我发展，个体的成功与否与其他成员无关。

在合作型目标结构下，团队成员之间的交往更加频繁，相互帮助和鼓励成为常态。这种积极的互动不仅增强了成员的自尊感和归属感，还激发了他们更加积极地完成任务，从而提高了整体的成就水平。相比之下，竞争型和个体化目标结构在促进团队合作和个体发展方面显得逊色。

合作目标结构创造了一种积极的情境，使得小组成员必须相互协作才能实现共同目标。这种基于团队整体表现的奖励机制有助于形成积极的人际关系，促使成员对同伴的努力给予积极的反馈。这种正向的激励机制在传统的竞争环境中是难以实现的，它使得团队成员更加紧密地团结在一起，共同为团队的成功而努力。

合作学习不仅是一个提升学业表现的策略，它同样能够激发学生内在的学习动力。

在合作学习的研究中，许多研究者发现传统的竞争教学方式存在明显的不足。首先，竞争机制下的奖励结构过于狭窄，成功的机会往往只属于少数精英学生，大多数学生在竞争中处于劣势，这无疑会打击他们的学习热情和信心。其次，竞争往往导致同伴关系的紧张甚至对立，因为一个人的成功往往意味着另一个人的失败，这种零和博弈的心态不利于学生之间的合作与互助。至于个体化教学方式，虽然强调学生的个体差异和自主性，但却忽视了同伴间的积极影响和互动。

合作目标结构则为我们提供了一种新的思路，它鼓励学生之间的积极合作和互助，鼓励建立起一种基于共同目标和相互尊重的同伴关系。这种关系不仅能够营造出一个和谐、积极向上的学习氛围，还能够对学生的学习产生深远而积极的影响。通过合作学习，学生们不仅能够在学业上取得进步，还能够在人际交往和团队合作方面得到锻炼和提升。

（2）发展理论

合作学习目标结构理论从动机层面剖析了合作目标对学生学习动力的

深远影响，它鼓励学生通过合作达成共同目标，从而激发对学业任务的投入与热情。而发展理论，特别是皮亚杰学派的主张，则从认知的视角强调了合作学习在提升任务完成效果方面的独特作用。该理论认为，儿童在合作过程中通过彼此的交流与互动，不仅能够深化对关键概念的理解，更能促进个体认知水平的全面提升。

作为发展理论的重要代表，皮亚杰学派坚信，儿童在适宜的任务中，通过相互合作，可以更高效地掌握新知识、新概念。维果斯基提出的"最近发展区"概念进一步指出："儿童的发展是有弹性的，有潜力的，它存在两个不同的水平，在不同的社会活动环境中具有伸缩性。"①也就是说，儿童是从现有水平向可能性水平不断发展的，具有巨大发展潜能。

研究者还关注到儿童在合作学习中扮演的不同角色对认知发展的影响。被辅导者在同伴的帮助下，其认知水平得以提升；而辅导者通过向同伴解释和传授知识，也进一步巩固了自己的学习成果。这种角色互换的合作学习方式，使得每个儿童都能在合作中获益。

基于这些研究成果，皮亚杰学派的学者积极倡导在学校教育中推广合作学习活动。他们认为，通过合作学习，学生可以在讨论中澄清疑惑、解决冲突，从而更深入地理解知识，提高认知水平。这种学习方式不仅能够提升学生的学习效果，还有助于培养学生的合作精神和社交能力。

3. 教育理念

（1）社会技能的培养

合作学习鼓励学生间的互动与交流，这为学生提供了一个实践社会技能的良好平台。在小组活动中，学生需要学会倾听他人的观点、表达自己的意见、与人协商和妥协，这些都是日常生活中不可或缺的社会技能。通过合作学习，学生能够逐渐掌握这些技能，为将来的社会生活打下坚实基础。

①转引自朱怡. 维果斯基"最近发展区"理论及其对幼儿园教育教学的启示[J]. 好家长（创新教育），2019（4）：66.

（2）情感交流与同伴支持

合作学习中的小组讨论、共同完成任务等活动，为学生提供了情感交流的机会。学生可以在这个过程中分享彼此的感受、体验成功的喜悦和面对困难的挑战。同伴之间的支持和鼓励能够增强学生的自信心和归属感，有助于培养学生的积极情感态度和良好的人际交往能力。

（3）多元化思维的形成

在合作学习中，学生来自不同的背景、拥有不同的知识和经验，这使得他们的观点和思考方式具有多样性。通过小组讨论和合作解决问题，学生能够接触到不同的观点和思维方式，从而拓宽自己的视野，形成多元化思维。这种思维方式有助于培养学生的创新能力和适应社会发展的能力。

（4）学习动力的提升

合作学习能够激发学生的学习动力。在小组活动中，学生需要共同完成任务、追求共同目标，这使得他们更加关注自己的学习表现，愿意投入更多的时间和精力去学习。同时，同伴之间的竞争和合作也能够激发学生的求知欲和进取心，使他们更加主动地参与到学习中来。

（5）教学方式的创新

合作学习理论也对教学方式进行了创新。传统的教学方式往往是教师主导、学生被动接受，而合作学习则强调学生的主动参与和教师的引导作用。教师需要设计合适的教学任务和活动，引导学生进行合作学习，同时关注学生的学习过程和反馈，及时给予指导和帮助。这种教学方式有助于激发学生的学习兴趣和主动性，提高教学效果。

4.应用前景

合作学习理论在教学领域的应用前景极为广阔且具体，其深远影响可以体现在多个维度。

（1）从教育公平性的角度来看，合作学习为每位学生提供了均等的参与机会。合作学习通过小组形式，确保每个学生都能在团队中发挥自己的特长，无论是擅长表达、思考深入还是组织能力出众的学生，都能在合作中找到自己的位置，为团队作出贡献。这种方式不仅提高了学生的参与度，也促进了教育资源的公平分配。

（2）合作学习对教师的专业成长具有具体的推动作用。在指导合作学习过程中，教师需要具备更高的组织、引导和监控能力。他们需要设计合适的合作学习任务，确保任务具有挑战性和启发性；他们需要引导学生积极参与讨论和合作，促进思维的碰撞和深化；他们还需要及时给予反馈和指导，帮助学生解决问题和提升能力。这些要求促使教师不断学习和提升自己的教学技能，从而实现教学相长。

（3）合作学习在培养学生终身学习能力方面也具有具体作用。在合作学习的过程中，学生需要学会独立思考、解决问题和承担责任。他们通过与同伴的交流和合作，不断拓宽自己的知识视野和思维方式；他们通过共同解决问题，培养了解决问题的能力和团队合作精神；他们通过承担任务和责任，锻炼了自己的组织和管理能力。这些能力的培养不仅有助于学生在当前学习中取得好成绩，更为他们未来的学习和职业发展奠定了坚实基础。

（4）合作学习还有助于提升学生的跨文化交流能力。在全球化背景下，学生需要具备与不同文化背景的人进行有效沟通的能力。通过合作学习，学生可以接触到来自不同文化背景的同学，了解他们的习俗和观点，学会尊重和理解差异。在与不同文化背景同伴的合作中，学生可以锻炼自己的跨文化沟通能力和适应能力，为未来的国际交流和工作做好准备。

（5）合作学习对于教学改革的推动和创新也具有具体意义。随着教育理念的更新和教育技术的发展，传统教学方式已经难以满足现代教育的需求。而合作学习作为一种新的教学策略，为教学改革提供了新的思路和方法。通过实践和研究合作学习，教师可以探索更加符合学生发展规律和教学需求的教学模式和方法，推动教学方式的创新和变革。

5. 在英语课本剧教学模式中的体现

合作学习理念在初中英语课本剧教学模式中的体现——以义务教育教科书（五·四学制）英语教材八年级下册"Unit 4 An old man tried to move the mountains"为例

案例背景：结合教材单元主题和课文内容，以经典的"愚公移山"故事为载体开展课本剧教学活动。教师希望通过这一活动，让学生在合作学习的过程中提高英语水平，同时培养他们的创造力和团队协作能力。

案例实施：教师首先为学生们介绍了《愚公移山》的故事背景，并简要讲解了课本剧的基本要求和注意事项。随后，学生们被分成若干小组，每个小组负责改编和表演故事中的某个片段。

在小组内，学生们开始了热烈的讨论和合作。他们共同阅读原文，分析角色特点，讨论剧情发展。每个成员都积极发表自己的意见，为剧本的改编出谋划策。在角色分配上，学生们根据自己的兴趣和特长进行选择，有的扮演愚公，有的扮演智叟和其他人物。

在排练过程中，学生们充分发挥了合作学习的优势。他们相互帮助，纠正发音和语法错误，共同完善台词和动作。对于表演中的难点，他们一起讨论、尝试，不断调整和改进。每个小组都形成了自己独特的表演风格，使得整个课本剧活动充满了创意和活力。

此外，合作学习还促进了学生间的情感交流和同伴支持。在排练中，学生们相互鼓励，相互支持，共同面对挑战。当某个成员遇到困难时，其他成员会主动提供帮助和建议，让整个团队更加紧密地团结在一起。

案例成果：在最终的课本剧表演中，每个小组都呈现出了精彩的演出。他们的表演生动有趣，充满想象力，赢得了观众们的阵阵掌声和喝彩。通过这次活动，学生们的英语口语表达能力和团队合作精神得到了显著提升，同时也增强了他们对英语学习的兴趣和自信心。

结论：通过这个具体案例，我们可以看到合作学习理念在初中英语课本剧教学模式中得到了充分体现。学生们在小组内展开合作学习，共同讨论、分工合作、相互帮助、共同进步。这种教学模式不仅提高了学生的英语水平和口语表达能力，还培养了学生的团队合作精神和创新能力，为他们的全面发展奠定了坚实的基础。因此，我们应该在初中英语教学中积极推广和应用合作学习理念，为学生创造一个更加积极、开放、包容的学习环境。

第四节　"从做中学"理论

杜威的"从做中学"理论是一种基本的教育方法，它强调学生通过实践活动和亲身经历来学习和掌握知识。这一理论主张学生应在做的过程中学习，通过实际动手操作和亲身参与，将知识与实际生活相联系，从而深入理解并掌握知识。在这种教育理念下，学生的学习不再是单纯的知识灌输，而是通过亲身实践来体验和探索知识的过程。同时，"从做中学"也强调学生的主体性和能动性，鼓励学生主动参与学习过程，发挥自己的创造力和创新能力。

1.起源与发展

杜威的"从做中学"理论，作为他教育思想体系的核心组成部分，是在深厚的哲学、心理学和社会学基础上逐步发展而成的。这一理论不仅强调了实践与学习的紧密结合，还深入探讨了儿童的心理特点、教育目标以及教育与社会的关系，为现代教育提供了重要的启示。

（1）从哲学基础来看，杜威深受实用主义哲学的影响，特别是詹姆斯和皮尔士的思想。他坚信知识并非孤立存在，而是来源于实践、经验以及与实际生活的互动。这种知行合一的哲学观为"从做中学"提供了坚实的理论支撑。杜威认为，学习不应该仅仅停留在书本知识的灌输上，而应该通过实践活动，让学生在亲身体验中理解和掌握知识，从而培养他们的实践能力和创新精神。

（2）在心理学方面，杜威深入研究了儿童的心理发展和学习特点。他观察到儿童天生具有好奇心和探索欲望，他们渴望通过亲自动手来了解和认识世界。基于这一观察，杜威提出教育应当顺应儿童的天性，让他们在做的过程中自然而然地学习和成长。他主张教育应该提供丰富多样的实践活动，让儿童能够在亲身参与中积累经验、发现问题并解决问题，从而培养他们的主动性和创造性。

（3）杜威的民主主义观念也对"从做中学"理论产生了深远影响。他坚信教育是实现社会进步和民主化的重要途径。因此，他主张教育应当关注每个儿童的个体差异和潜能，为他们提供平等接受教育的机会。通过"从做中学"，每个儿童都可以在实践中发挥自己的特长和才能，实现个人价值的同时也为社会作出贡献。

随着时代的发展，杜威的"从做中学"理论得到了进一步丰富和发展。现代教育家们将这一理论与现代教育技术、课程改革等相结合，探索出更多适合儿童发展的实践教学方式。例如，通过项目式学习、探究式学习等方式，让学生在解决实际问题的过程中学习知识和技能；通过合作学习、小组讨论等方式，培养学生的团队协作和沟通能力。

同时，他们也意识到，虽然实践活动对于学习具有重要意义，但也不能忽视系统知识的传授和学科结构的建立。因此，在实际应用中，需要平衡实践活动与知识传授的关系，确保学生在掌握基础知识的同时也能够通过实践来深化理解和应用。

2. 理论内涵

（1）教育与社会进步的关系

杜威坚信教育与社会进步是紧密相连的。他认为，教育不应仅仅局限于课堂和书本知识，而应扩展到社会的各个角落，与社会实践活动紧密结合。通过"从做中学"，学生不仅能够学习到实际技能，还能更深入地了解社会的运作机制，从而为社会进步贡献自己的力量。这种教育理念强调了教育与社会实践的互动性，为培养具有社会责任感和实践能力的公民奠定了基础。

（2）知识与实践的统一性

杜威强调知识与实践的统一性。他认为，知识是经验的生长与改造，学习是学生在情境中的反省与探究。①通过"从做中学"，学生能够在实践中获取知识，同时又能将所学知识应用于实际生活中。这种学习方式有助于打破传统教育中知识与实践的脱节现象，使学生能够在学习中体验到知识的实际价值，从而更加深入地理解和掌握知识。

（3）教育的人性化取向

杜威的"从做中学"理论体现了教育的人性化取向。他关注个体的需求和兴趣，认为教育应该尊重儿童的身心发展规律，以儿童为中心来设计教学活动。通过实践活动，学生可以按照自己的兴趣和需求进行学习，从而体验到学习的乐趣和成就感。这种教育方式有助于激发学生的学习兴趣和积极性，培养他们的自主学习能力和创新精神。

（4）教育的创新性和前瞻性

杜威的"从做中学"理论还体现了教育的创新性和前瞻性。他提倡通过实践活动来培养学生的创新思维和实践能力，以适应未来社会的变化和发展。这种教育理念鼓励学生勇于尝试、敢于创新，培养他们具备解决新问题的能力。同时，杜威也强调教育应关注未来社会的发展趋势，为培养适应未来社会需求的公民做好准备。

3. 实践理论

杜威的"从做中学"理论不仅仅停留在理念层面，而是具有一整套详尽且具体的实践理论和方法。在实际的教学场景中，这些理论和方法可以被用来指导和丰富教学活动。

（1）杜威强调实践活动的设计要紧密结合学生的日常生活和兴趣点。这意味着教育者需要深入了解学生的需求，为他们设计富有挑战性和趣味性的实践活动。

（2）杜威的实践理论注重学生的亲身参与和合作。在教育实践中，教育者需要为学生创造更多的互动和合作机会。比如，在英语课上，教师

---

① 朱宁波, 王志勇. 论深度教学的理论逻辑——基于杜威经验主义知识论视觉[J]. 当代教育科学, 2021（11）：23.

可以安排学生分组进行课本剧的表演。每个小组都需要根据特定的事件或人物编写剧本，设计场景，并进行排练和表演。这样的活动不仅让学生深入理解课本内容，还锻炼了他们的团队协作和沟通能力。

（3）杜威还强调实践活动的情境性和社会性。在教育实践中，教育者将教学活动与现实生活和社会环境相结合。他认为，教育是一种社会生活过程，学校就是社会生活的一种形式。学校应该成为一个小型的社会，一个雏形的社会。[①]

（4）实践杜威的"从做中学"理论还需要教育者注重学生的反思和总结。在活动结束后，教育者应该引导学生对自己的参与过程进行反思和总结，帮助他们从实践中提炼经验和教训，为未来的学习和发展提供借鉴。

4. 应用前景

（1）终身学习与自我发展

"从做中学"理论鼓励个体通过实践活动来不断学习和成长，这与终身学习的理念高度契合。在当今社会，知识和技能更新换代的速度非常快，人们需要不断地学习新知识和技能来适应社会的变化。通过"从做中学"，人们可以在日常生活和工作中不断积累经验，提升自我能力，实现自我发展。这种学习方式不仅有助于个人职业成长，也有助于提升整个社会的创新能力和竞争力。同时，"从做中学"还强调学习的主动性和自主性，鼓励个体根据自身兴趣和需求来选择学习内容和学习方式，从而实现个性化的学习和发展。

（2）教育资源的优化与利用

"从做中学"理论强调利用身边的资源和环境来进行学习，这有助于优化教育资源的配置和利用。通过"从做中学"，学生可以充分利用身边的物品、场所和人员来进行实践活动，从而节省教育资源，提高教育效益。"从做中学"也鼓励学校、社区和企业等各方参与教育资源的开发和

---

①转引自张烨，宋喜霞. 中小学心理健康教育的境遇尴尬与实践突围[J]. 江苏教育（教育管理），2015（7）：65.

利用，形成教育合力，共同推动教育的发展。

（3）环境教育与可持续发展

"从做中学"理论在环境教育和可持续发展方面也有着广阔的应用前景。通过实践活动，学生可以深入了解环境保护的重要性，掌握相关的知识和技能，并积极参与环境保护行动。

（4）创新精神的培养

"从做中学"理论对于创新精神的培养也具有重要意义。通过实践活动，学生可以接触到实际问题，激发创新思维和解决问题的能力。同时，通过模拟实践过程或参与实际活动，学生可以体会到实际活动中的乐趣，有助于培养学生的创新精神，为他们未来的学习打下坚实的基础。

5. 在英语课本剧教学模式中的体现

杜威的"从做中学"理论在初中英语课本剧教学模式中得到了生动而深入的体现，两者的结合不仅紧密，而且相得益彰。

课本剧这一形式，恰好契合了杜威"从做中学"理论的精髓。在课本剧的整个过程中，学生们需要仔细研读文本，深入探究人物性格和情感，创作富有生活气息的对白，设计生动逼真的场景，制作符合剧情需要的道具，并反复进行排练和最终的表演。这一系列实践活动为学生们提供了一个真实、立体的英语学习环境，让他们在亲身参与中自然而然地掌握英语知识，锻炼语言表达能力，同时深化对文本的理解。

课本剧为"从做中学"理论提供了丰富的实践平台。在课本剧的排演中，学生们不仅学习英语语言本身，更通过语言的运用来表达情感、传递信息。他们需要学会如何与同伴们默契配合，如何有效地沟通，如何解决突发问题。这些实践活动不仅锻炼了他们的动手能力、团队协作精神和创造力，还让他们在亲身实践中感受到了学习的乐趣和成就感。

杜威的"从做中学"理论在课本剧教学模式中的应用，极大地提升了教学效果。通过实践活动来学习英语知识，使得学习过程更加直观、生动，更易于被学生们所接受。在课本剧的排练和表演中，学生们不断地尝试、修正、完善，这一过程中，他们对文本内容的理解逐渐加深，他们的英语综合运用能力也得以显著提升。

此外，课本剧的实践深化了"从做中学"理论的应用。在课本剧的每一个环节，学生们都需要运用所学的知识和技能，同时也在实践中不断地学习和掌握新的知识和技能。这种全面的实践体验不仅让"从做中学"理论得到了更深入的体现和应用，也使学生们的学习更加全面和深入。他们通过亲身参与和实际操作，不仅掌握了英语知识，更学会了如何运用知识解决实际问题，从而实现了真正意义上的"从做中学"。

6. 理论应用于实际时应注意的问题

在将教育理论应用于实践时，我们需要细致入微地考虑多个方面，以确保理论能够精准地指导实践，并产生深远的教育影响。以下是对这一复杂过程的更详细、更深入的分析：

（1）我们需要对教育理论进行深入而系统的研究。这不仅仅是阅读相关书籍和文章，更需要理解理论背后的哲学基础、历史背景以及实际应用的可能性。同时，我们还需要研究该理论在不同文化、不同教育背景下的应用情况，以便更好地适应我们的教育实践。

（2）在应用教育理论时，我们需要详细分析教育实践的具体环境和条件。这包括学校的文化氛围、班级的学习氛围、学生的个体差异以及教育资源的分布等。例如，在资源有限的学校，我们可能需要采用更加经济实用的教学策略，如利用现有资源创造性地设计教学活动，或者通过合作学习的方式让学生相互学习、相互支持①。

（3）我们需要制订详细的教育实践计划。这包括明确的教育目标、具体的教学内容、合适的教学方法以及有效的评估方式。我们需要根据教育理论的要求，结合实践环境的实际情况，制订出既符合理论要求又切实可行的实践计划。例如，在实施"项目式学习"时，我们需要明确项目的目标、任务、时间表以及评估标准，以确保学生能够在项目的实施过程中

---

①郑蕊. 双向的教育功用——读教育家杜威的"从做中学"有感[J]. 新教育, 2016（11）: 71.

真正掌握知识和技能。

（4）我们还需要关注教育实践的持续性和系统性。教育实践是一个长期的过程，需要持续进行，并形成一个完整的体系。我们需要定期回顾和反思教育实践的效果，及时发现问题并进行调整。同时，我们还需要建立一套有效的反馈机制，收集和分析学生的反馈意见，以便更好地了解他们的学习需求和问题，并及时调整教学策略。

（5）我们还需要关注教师在教育实践中的角色和能力。教师是教育实践的关键执行者，他们的专业素养和教育能力直接影响着教育实践的效果。因此，我们需要为教师提供系统的培训和支持，帮助他们掌握新的教育理论和教学方法。这包括定期的培训课程、工作坊、研讨会等，以及为教师提供实践机会和反馈机制，以便他们能够在实践中不断提升自己的教学能力。

（6）我们还需要考虑学生的个体差异和学习需求。每个学生都是独一无二的个体，他们具有不同的兴趣、能力和学习风格。在应用教育理论时，我们需要关注每个学生的个体差异，为他们提供个性化的学习支持和指导。这包括设计多样化的教学活动和任务，以满足不同学生的需求；提供及时有效的反馈和指导，帮助学生解决学习中的困难和问题；以及关注学生的情感和心理需求，为他们创造一个积极、健康的学习环境。

（7）我们还需要关注社会文化和家庭背景对教育实践的影响。学生的成长环境、家庭背景以及社会文化等因素都会对其学习和发展产生影响。在应用教育理论时，我们需要充分考虑这些因素，并制定相应的教育策略。

第六章 "三段十环节"初中 英语课本剧教学模式的构建

　　"三段十环节"教学模式不仅是一个全面而系统的教学策略,更体现了现代教育理念的核心价值。在这种模式下,教学过程被明确地划分为课前、课中、课后三个阶段,简称为"三段"。课前阶段,学生被鼓励进行自主预习,教师通过精心准备的教学材料和微课,为新课的展开做好充分铺垫,这不仅培养了学生的自主学习能力,也为接下来的课堂教学打下了坚实的基础。课中阶段,是教师传授知识、学生内化知识的重要环节。教师通过生动的课堂讲述、情景创设,以及引导学生合作探究,不仅使学生深入理解并掌握新知识,更培养了他们的团队协作能力和批判性思维。课后阶段,则是对前两个阶段的延续与深化,教师通过布置有针对性的课后作业和组织学习反思,帮助学生巩固并提升所学知识,进而促进学生的全面发展。"十环节"则紧密贯穿于这"三段"之中,从教学设计到学习反思,每一个环节都经过精心设计,旨在最大限度地激发学生的学习兴趣,提高他们的学习效果(参见图6-1)。这种教学模式不仅凸显了以学生为中心的教学理念,更强调了教师在整个教学过程中的引导作用,从而营造出一个师生互动、生生互动、充满活力的教学环境,真正实现了教与学的和谐统一。

第一节　"三位一体"课本剧
教学模式实施策略的形成

　　"三位一体"课本剧教学模式实施策略的基本概念是指将团队组建、创意剧作和展演反馈三个核心环节紧密结合，形成一个有机整体，以课本剧为载体，通过学生的分工合作、创作表演和反馈评价，达到提升学生英语综合运用能力、培养团队合作精神和创新能力的目的。

　　1. 概念

　　随着对英语课本剧教学模式的深入探究，我们从创作到加工再到展演，都有明确及细化的实施方案和分工方法，逐渐形成了一套完备的"三位一体"课本剧教学模式实施策略。

　　（1）团队组建

　　以"组间同质、组内异质"为分组原则，即每个小组中都分布着不同学习基础和水平层次的学生，便于分工合作，帮扶共进。每个小组总体学习能力和水平基本均衡，便于合理评价，公平竞争。在这样一个学习的共同体中，学生有着共同学习目标，相互团结，取长补短，为个人的成长提供了动力，自主、合作、共享，小组成员为了集体的荣誉而努力贡献自己的才能和智慧。

　　（2）创意剧作

　　剧本写作以课本剧预习导学案为指导。导学案分为3个环节："话题背景"呈现本单元话题及相应的文化背景。"温故驿站"复现本节课本剧可能用到的重点短语和句型。"创意剧作"这一环节分为两个部分：主编任务和非主编选作。这主要兼顾学生的个体差异，主编任务由基础较好、学习能力较强的学生承担。由组长确定主编人选，主编执笔，小组其他成员参与编剧讨论。教师对剧本进行逐一订正修改。

（3）展演反馈

配套设计的课本剧课堂教学反馈单要求学生在观看表演时从语音语调、知识应用、情景设置、表现能力等四个方面对别人的表演进行评价。这既是对编排、表演者的要求和引领，又杜绝了观众有可能出现的看热闹、不严肃等通常课堂表演时会出现的问题，评价表的结果对优秀小组评选起着决定性的作用。师生点评需要从情景交际和知识应用两个方面进行，比如该小组表演的优点和缺点，他们在表演中充分利用到了哪些单元知识，存在哪些知识性的错误。表演结束后，小组成员根据表演内容设置两个问题对观众进行提问，根据回答情况进行观众表现的小组积分。

单元主题的课本剧展示后，由学生评选出最佳小组、最佳表演奖和最具潜力学生。学期末根据各个小组积分进行综合评价。最佳课本剧小组在学校的英语文化节活动中展演。

2. 特点

"三位一体"课本剧教学模式实施策略以其独特的教学理念和实践方法，显著提升了英语学习的趣味性和实效性。以下是对其特点的详细阐述：

（1）团队组建的异质性与协同性

异质性分组："三位一体"课本剧教学模式特别注重团队成员的多样性。每个小组内部成员在学习基础、能力和兴趣方面存在明显差异，这种异质性分组策略有助于学生在交流中相互启发，共同提高。

协同合作：虽然组内成员各异，但该模式强调团队成员之间的协同合作。不同背景和技能的学生需要共同为剧本的创作、排练和表演出谋划策，这种合作促进了学生间的沟通与理解，培养了团队协作精神。

（2）创意剧作的灵活性与实践性

灵活性：在剧本创作环节，"三位一体"课本剧教学模式鼓励学生发挥想象力和创造力，不拘泥于课本内容。学生可以在教师的指导下，结合课本知识点，自由构思剧情、人物和对话，这种灵活性极大地激发了学生的创作热情。

实践性：剧本创作不仅仅是纸上谈兵，更是一个实践过程。学生需要将所学的语言知识、文化背景和剧情构思结合起来，通过不断的修改和完善，最终形成一部完整的剧本。这个过程不仅锻炼了学生的写作能力，还提高了他们的语言实践能力和文化素养。

（3）展演反馈的多元性与互动性

多元评价：在展演环节，"三位一体"课本剧教学模式采用了多元化的评价方式。除了传统的教师评价外，还引入了观众评价、自我评价和同伴评价等多种评价方式。这种多元评价能够更全面地反映学生的表现，帮助学生更准确地认识自己的优点和不足。

互动性：该模式强调展演过程中的互动性。观众在观看表演的同时，可以通过提问、点评等方式与表演者进行互动，这种互动不仅增强了观众的参与感，也让表演者能够及时了解观众的反应和意见，从而调整自己的表演方式和策略。

3. 理论基础

"三位一体"课本剧教学模式实施策略融合了多种教育学和心理学的先进理念。

（1）建构主义学习理论

建构主义认为学习不是简单地由外到内的知识传递，而是学习者基于自己的经验和背景，主动建构对知识的理解。在"三位一体"课本剧教学模式中，这一点体现得尤为明显。

团队组建：学生不是孤立地学习，而是在小组中与同伴交流、协作。这种社交互动有助于他们基于各自的经验共同建构知识。

创意剧作：学生不是简单地复制课本知识，而是结合自己的生活经验和理解，创造性地编写剧本。这一过程正是知识的主动建构。

展演反馈：通过实际的表演和观众的反馈，学生进一步验证和修正自己的理解，这也是一个建构知识的过程。

（2）合作学习理论

合作学习强调的是学生之间的互助与协作，以达到更高的学习效果。在"三位一体"课本剧教学模式中，主要体现在以下方面。

异质分组：确保了小组内有不同背景和能力的学生，这样的分组更有利于学生之间的互补和学习。

共同目标：每个小组都有共同的学习目标和表演任务，这促使学生为了团队的共同利益而努力。

相互依赖：在剧本创作和表演过程中，每个学生都扮演着不可或缺的角色，他们的成功相互依赖。

（3）多元智能理论

该理论认为每个人都有自己的智能强项和弱项，而且智能是多元化的。"三位一体"课本剧教学模式充分考虑了这一点。

多样化的角色：在剧本创作和表演中，学生可以根据自己的智能强项选择合适的角色和任务，如编剧、导演、演员等。

全面发展的机会：该模式不仅锻炼学生的语言能力，还通过表演、创作等环节，培养学生的音乐、空间、身体运动等多种智能。

（4）情境教学理论

情境教学强调在真实的或模拟的情境中进行学习，以增强学习的意义和效果。"三位一体"课本剧教学模式通过课本剧的创作和表演，为学生创造了一个真实的语言应用情境。

真实的语境：剧本的创作和表演都是基于真实的生活场景和情感体验，这使学生更容易理解和运用所学知识。

实践与反思：通过实际的表演和之后的反馈环节，学生有机会在实践中学习和反思，从而更深入地掌握知识。

（5）形成性评价理论

形成性评价关注学生在学习过程中的表现和进步，以便及时调整教学策略。"三位一体"课本剧教学模式中的展演反馈环节正是这一理论的体现。

即时反馈：通过表演后的观众评价和师生点评，学生可以即时了解自己的优点和不足。

调整与改进：基于反馈，学生和教师可以及时调整教学策略和学习方法，以达到更好的学习效果。

4.应用价值

"三位一体"课本剧教学模式实施策略融合了团队组建、创意剧作和展演反馈三个关键环节，为初中英语教学注入了新的活力。以下从其他几个未被充分探讨的方面展开论述，并结合具体实践进行深入分析。

（1）促进学生情感态度的培养

在传统的英语教学中，学生往往只是被动地接受知识，而"三位一体"课本剧教学模式实施策略则要求学生主动参与到剧本的创作和表演中，这不仅能提升学生的英语水平，还能培养他们的情感态度。在剧本创作和表演过程中，学生需要深入理解角色，体验不同的情感变化，这有助于他们更好地理解和表达情感，从而培养他们的同理心和情感认知能力。

实践分析：在英语课堂上，教师组织学生围绕"友谊"主题进行课本剧创作和表演。学生们通过扮演不同的角色，深入体验了友谊的珍贵和与朋友相处的道理。在表演过程中，他们不仅提升了英语水平，还更加珍惜彼此之间的友谊，增强了班级的凝聚力。

（2）提升学生的批判性思维能力

"三位一体"课本剧教学模式实施策略鼓励学生进行剧本创作，这需要他们具备批判性思维能力，对剧情、角色和对话进行深入的分析和思考。通过不断的创作和修改，学生能够学会如何提出问题、分析问题并解决问题，从而提升他们的批判性思维能力。

实践分析：在一次以"环保"为主题的课本剧创作中，学生们在教师的引导下，对环保问题进行了深入的思考和讨论。他们不仅探讨了环保的重要性，还提出了许多切实可行的环保措施。在这一过程中，学生们的批判性思维能力得到了显著提升。

（3）增强学生的跨学科学习能力

"三位一体"课本剧教学模式实施策略需要学生综合运用多学科知识

来进行剧本创作和表演。例如，在剧本创作中，学生需要运用文学知识来构思剧情和对话；在表演过程中，学生需要运用艺术知识来更好地展现角色和情感。这种跨学科的学习方式有助于提升学生的综合素养和解决问题的能力。

实践分析：在一次以"历史"为主题的课本剧表演中，学生们不仅需要运用英语知识来进行对话和表演，还需要深入了解历史事件和人物背景。他们通过查阅历史资料、观看相关视频等方式，对历史事件进行了深入的研究和学习。在这一过程中，学生们的跨学科学习能力得到了显著提升，他们学会了如何综合运用多学科知识来解决问题。

5. 发展前景

"三位一体"课本剧教学模式实施策略将团队组建、创意剧作与展演反馈紧密结合，为初中英语教学注入了新的活力。以下是对该模式未来发展前景的深入细节分析：

（1）推动国际化与跨文化交流

在全球化的背景下，国际化教育和跨文化交流变得越来越重要。课本剧教学可以成为连接不同文化的桥梁。例如，通过选取不同国家的经典故事或文化片段作为剧本素材，学生可以在表演中深入了解并体验不同文化的魅力。这种教学方式不仅能够提升学生的英语语言能力，还能培养他们的国际视野和跨文化交流技巧。

（2）深化情感教育与心理发展

初中阶段是学生情感和心理发展的关键时期。课本剧教学可以作为一种有效的情感教育工具，通过角色扮演和情境模拟，让学生更加深入地理解和体验各种情感。例如，在剧本中设置不同的情感场景，让学生扮演不同的角色，体验喜怒哀乐等情感变化。这种教学方式有助于培养学生的同理心，提升他们的情感认知和情感管理能力。

（3）激发创新思维与创造力

"三位一体"课本剧教学模式实施策略鼓励学生发挥想象力和创造力，自行创作和改编剧本。这种教学方式可以激发学生的创新思维，培养他们的创造力。例如，教师可以引导学生根据课本内容或主题，自行创作剧本并进行表演。在这个过程中，学生需要发挥想象力和创造力，设计出有趣的剧情和角色。这种教学方式有助于培养学生的创新思维和实践能力，为他们的未来发展打下坚实的基础。

（4）增强师生互动与教学效果

课本剧教学模式为师生之间提供了更多的互动机会。在剧本创作、排练和表演的过程中，教师需要与学生紧密合作，共同解决问题。这种教学方式有助于增进师生之间的沟通和理解，提升教学效果。例如，教师可以根据学生的兴趣和需求，与他们一起讨论和修改剧本，使教学内容更加贴近学生的生活实际。同时，教师还可以在表演过程中给予学生及时的指导和反馈，帮助他们更好地理解和掌握英语知识。

（5）促进终身学习与自我成长

课本剧教学模式关注学生的长远发展。通过这种模式，学生可以学会如何学习、如何合作、如何创新等关键能力，这些能力将成为他们终身学习和自我成长的重要基石。例如，在表演过程中，学生需要学会如何与他人合作、如何解决问题、如何面对挑战等。这些经验和技能将伴随他们一生，成为他们未来发展和成功的重要保障。

6. 注意事项

"三位一体"课本剧教学模式实施策略以其独特的互动性、实践性和创新性，在初中英语教学中占据了重要的地位。然而，为了充分发挥这一模式的优势，确保教学效果最大化，实施过程中需要注意以下几个方面的细节：

（1）团队组建的均衡与协作

在团队组建时，教师应严格按照"组间同质、组内异质"的原则进行分组，确保每个小组内成员在学习基础、能力水平等方面具有多样性，同时各小组之间的整体实力保持相对均衡。这样不仅能够促进小组内部的协作与交流，还能保证小组之间的公平竞争。

教师要密切关注每个小组的动态，及时介入调解可能出现的内部矛盾或分工不均等问题，确保每个学生都能在小组中找到自己的定位，发挥其个人特长，为团队贡献力量。

（2）剧本编写的质量与创意

剧本是课本剧教学的核心，其质量直接影响到教学效果。因此，教师在指导学生编写剧本时，应强调剧本的紧密围绕教材内容，同时注重剧情的趣味性和教育性。剧本不仅要能够吸引学生的注意力，激发他们的表演欲望，还要能够让学生在表演过程中学到相应的英语知识。

此外，教师要鼓励学生发挥创意，对剧本进行适当的改编和创新，使其更加贴近学生的生活实际和兴趣爱好。同时，教师也要对剧本进行细致的修改和订正，确保其语言规范、情节连贯、角色鲜明。

（3）展演的真实性与表现力

在展演环节，教师要强调学生的真实表现，鼓励他们用自己的语言和理解去诠释角色和剧情，避免过于依赖剧本或道具等外部因素。同时，教师要注重培养学生的表现力，通过表情、动作、语音语调等多方面的指导，帮助学生更好地塑造角色形象，传达剧情情感。

（4）评价的公正性与激励性

评价是课本剧教学模式中不可或缺的一环。教师要确保评价的公正性和客观性，既要注重过程评价也要看重结果评价。在评价过程中，教师要关注学生的个体差异和进步情况给予及时的肯定和鼓励。同时评价主体要多元化，包括教师评价、学生自评和互评等，以便更全面地了解学生的表现和需求。

此外，教师还可以设置一些奖励机制来激励学生不断进步如评选最佳小组、最佳表演奖等，进一步提高学生的参与度和积极性。

（5）反馈的及时性与有效性

每次展演结束后，教师要及时收集学生、观众以及自身的反馈意见，以便对教学模式进行持续改进和优化。同时，教师要根据学生的实际表现和反馈情况灵活调整教学计划和剧本内容保持教学模式的活力和有效性。

在反馈过程中，教师要注重与学生的沟通和交流，了解他们的想法和建议，为后续的教学活动提供有益的参考。

第二节　"三段十环节"初中英语课本剧教学模式的初步构建

　　"三段十环节"的课本剧教学模式是在我们多年来的课本剧教学实践基础上总结形成的。

　　在教学中，带领学生进行了多年的课本剧的教学实践。在后续的研究实施过程中，学生的英语学习兴趣、英语语言能力及各方面的综合能力都有相当大的提升，实践证明，将课本剧教学融入到初中英语课堂教学中能够能够很好地为学生的个性化学习提供支撑。但如何有效地将课本剧融入到教学中，如何更好地发挥课本剧展演的效果，如何形成可复制推广的教学经验，一直是多年来困扰我们的问题。

　　2019年，烟台市教科院组织的中国教育技术协会"十四五"规划课题子课题的申报活动为我们的课本剧研究打开了思路。通过课题申报活动，我们对前期的课本剧教学进行了系统的梳理，总结了前期的实践经验和存在问题，明确了下一步的研究计划，开展了基于学科素养的初中英语课本剧教学模式的进一步研究。

　　2022年新课标的出台为我们课题的研究进一步明确了方向。《义务教育英语课程标准》（2022年版）在课程理念中指出，我们要"推进信息技术与英语教学的深度融合。重视教育信息化背景下英语课程教与学方式的变革，……鼓励教师合理利用、创新使用数字技术和在线教学平台，开展线上线下融合教学，为满足学生个性化学习需要提供支撑，促进义务教育均衡发展。"①

---

①中华人民共和国教育部. 义务教育英语课程标准: 2022年版[M]. 北京: 北京师范大学出版社, 2022: 3.

信息技术的发展为我们课本剧的研究提供了新的发展契机，推动我们课本剧的研究进入了一个新的阶段，通过信息技术与英语教学的深度融合，我们的课本剧教学有了新的发展，不仅为我们攻克了很多常规课本剧研究中的难题，也为学生个性化的学习提供了更好的支撑。比如，我们通过将学生制作的课本剧视频上传到线上平台并进行展评，不仅极大地节约了课堂教学时间，进一步提高了课本剧的展播效果，也在一定程度上提高了学生的信息素养和综合能力。

因此，在信息技术支持下的初中英语课本剧教学中，结合多年的课本剧教学的实践探索，课题组通过扎实的课本剧教学实践和反复研讨，初步构建了"三段十环节"初中英语课本剧教学模式。

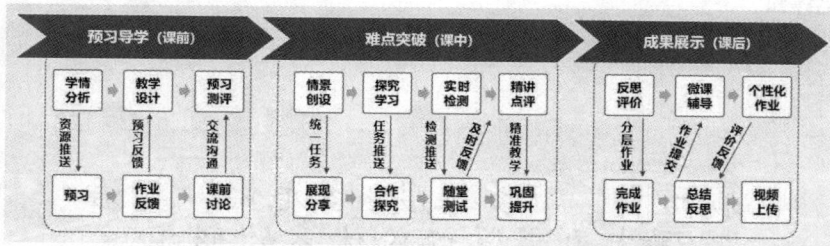

图6-1 "三段十环节"初中英语课本剧教学模式

在课前阶段，主要开展学情分析、教学设计和预习导学三个环节。教师借助信息技术手段更好地把握学情，进而进行精准备课、资源推送，并引导学生进行预习导学。目前教师多用企业微信等平台进行资源推送、预习反馈、课后答疑和自主学习辅导。此外，教师还在课前在智慧机房进行课前学情调查，对学生学情进行初步把握，并让学生通过跟读训练，纠正语音。

在课中阶段，主要进行情景创设、探究学习、实时检测、精讲点评四个环节。在课上，教师利用学科工具创设真实学习情景，为课本剧主题提供更有效的深化和支撑；利用希沃白板、Processon等软件引导学生进行合作探究，增强课堂互动；通过坚知果和Plickers的当堂检测功能，教师能够对学生个体进行随时的学情诊断；利用坚知果、班级优化大师、希沃授课助手等工具，教师在及时点评试题的同时，还可以实现课上小组活动的加减分及多样化评价手段的使用。

在课后阶段，主要开展反思评价、微课辅导和成果评价三个环节的课后成果收集和多元评价。学生课后进行课本剧编排、录制，通过企业微信完成视频上传，并利用评价功能，参照评价量规，进行多维度、多元化评价；教师利用企业微信、坚知果智慧课堂等工具进行剧本批阅和反馈；教师布置的课堂微课、分层作业和针对性练习题，可以通过企业微信、班级小管家及91速课等工具同步发送给学生；学生课后进行课本剧编排，通过企业微信完成视频上传，利用评价功能，参照评价量规，进行多维度、多元化评价。

第三节　"多维度–多元化"英语课本剧教学评价体系的形成

"多维度–多元化"英语课本剧教学评价体系是一种综合性的评估方法，其中"多维度"指的是评价内容涵盖的广泛性，它不仅关注学生的知识水平，还深入评估学生在课本剧表演中展示的过程与方法、情感态度以及技能发展等多个层面。这种评价方式确保了教学目标的全面覆盖，从而能够深入、具体地衡量学生的学习成效。而"多元化"则体现在评价主体的多样性和评价手段的灵活性上，它融合了学生自评、小组互评和教师评价等多种评价方式，以减少主观偏见，更客观地反映学生的实际表现。这种评价体系不仅提升了评价的准确性和公正性，还激发了学生的学习积极性和创造力，为课本剧教学提供了科学、全面的评估框架。

1. 特点

"多维度-多元化"英语课本剧教学评价体系以其综合性和灵活性而著称，它不仅深入探索学生的学习情况，还通过多样化的评价方式，全面、客观地反映学生的实际能力和学习成果。

课题组在英语课本剧教学中坚持通过制定不同阶段评价量规，开展多维度、多元化的评价，标准先行，践行教学评一致性教学。课题组采用"教-学-评"一体化设计，严格坚持以评促学、以评促教，将评价贯穿课本剧的全过程。课题组设计了英语课本剧评价量表，重点考量剧本的创作、口语的流畅性、表演的艺术性、小组合作的整体性、舞台和背景音乐的协调性等。课题组坚持评价重过程也重结果的原则，坚持形成性评价和终结性评价相结合的原则，同时坚持评价主体多元化，涵盖教师评价、学生评价和自我评价，充分发挥以评价促反思、促进步的作用，逐步建立主体多元、方式多样、素养导向的英语课本剧评价体系。

表6-1 编写阶段评价表

项目	标准	分数（合计100分）
合作修改（20分）	小组剧本应由多人参与完成，进行多次多人参加的修改。剧本中角色的丰富性	
语言运用（40分）	剧本内容语言丰富，灵活使用大量的课本句式，句式多样、充分，语言点灵活，帮助同学们练习充分	
情节设计（20分）	剧情完善合理，有自己的理解和创新点，更提倡能与经典碰撞还能联系实际生活的短剧	
时间控制（10分）	能在规定的时间完成剧本的写作和修改	
精致剧本个数（10分）	小组成员积极编写精选剧本的个数	
总分		

表6-2 小组内练习展示阶段评价表

项目	标准	分数（合计100分）
台词表述 （40分）	角色扮演者们的台词表述是否准确，口语中鼓励出现口语俚语的表达，但是不能出现语法错误	
语音语调 （40分）	口语表达中语音是否准确，语调是否能与情节进行贴合	
PPT和背景音乐 （10分）	PPT能够与情景相符，背景能够帮助烘托出气氛	
表演 （10分）	表演能够体现出情节，表演能够帮助理解台词	

表6-3 班级展示阶段评价表

项目	英语课本剧展演评价表	分数（合计100分）
语言 （30分）	声音响亮	
	用词准确，发音标准	
	语言流畅	
	语调把握准确	
表演 （30分）	表演准确到位	
	角色台词衔接到位	
	语言与表演相符	
设计情节内容 （20分）	句型多样、对话充分	
	情节有吸引力和创造力	
舞台道具布景PPT （10分）	与情节相符	
全体参与、协作与配合的效果 （10分）	明确的分工、组员的参与度和默契度等	

2.应用价值

"多维度–多元化"英语课本剧教学评价体系在初中英语教学中的应用，不仅为传统教学注入了新的活力，更在多个层面展现了其独特的价值。以下是对其应用价值的详细阐述：

（1）精细化指导学生个性化发展

在初中英语教学中，"多维度–多元化"英语课本剧教学评价体系为每个学生的个性化发展提供了精细化指导。学生根据自身的特长、兴趣和表演风格，自主选择角色和表演任务。例如，对于性格内向的学生，可以选择一些情感细腻、内心戏较多的角色，帮助他们更好地展现自己；而对于性格外向、表现力强的学生，则可以选择一些动作幅度大、情感激昂的角色，让他们的表演天赋得到充分发挥。

这种个性化的角色分配和评价方式，不仅让每个学生都能在课本剧中找到适合自己的位置，还能让他们在表演过程中不断挑战自我、突破自我，实现个性化发展。

（2）强化学生实践能力与创新思维

"多维度–多元化"英语课本剧教学评价体系注重实践和创新。在初中英语教学中，学生需要将教学单元主题转化为生动的表演，这要求他们不仅要深入理解文本，还要发挥自己的想象力和创造力，为角色赋予新的生命。

在评价过程中，教师鼓励学生大胆尝试不同的表演方式和创新思路。例如，学生可以通过增加情节、设计独特的人物造型等方式，让表演更加生动有趣。这种实践和创新的过程，不仅锻炼了学生的实践能力，还激发了他们的创新思维。

（3）提升学生审美能力

"多维度–多元化"英语课本剧教学评价体系强调对学生审美能力和批判性思维的培养。教师可以组织学生进行小组讨论，让他们从角色塑造、情节安排、表演技巧等方面对表演进行评价和提出改进意见。这种批判性思维的培养过程，不仅有助于提升学生的审美能力，还能让他们在未来的学习和生活中更加具备独立思考和判断的能力。

3. 注意事项

"多维度-多元化"英语课本剧教学评价体系在初中英语教学中是一种富有创新性和实效性的教学方法。然而，在实际应用过程中，为确保其发挥最大效用，教师需要注意以下几个方面：

（1）评价体系建立

明确评价标准：在评价学生的表演时，教师应明确评价标准，包括语言准确性、表演技巧、团队合作能力等方面。

多元化评价：除了教师评价外，还可以引入学生自评、互评以及家长评价等多种评价方式，以更全面地反映学生的表现。

及时反馈：评价后应及时给予学生反馈，肯定他们的优点并指出需要改进的地方，以便他们在今后的表演中不断进步。

（2）技术支持与资源整合

利用现代技术：借助多媒体和互联网资源，为学生提供丰富的剧本素材、表演技巧指导以及英语学习资源。

创建良好学习环境：引导学生树立主动学习的理念，营造积极的英语学习氛围。

（3）安全与心理关怀

确保安全：在表演过程中，教师要确保学生的安全，避免使用危险道具或出现高风险动作。

关注心理：注意学生的心理变化，鼓励他们积极参与并享受表演过程，避免过度压力导致的负面情绪。

第四节 学科课堂模式和课程结构的优化

我们关注学生学科核心素养的培养，英语课本剧也以崭新的姿态融入到学校学科课程体系建设和课程结构优化的研究与实施当中，以英语学科课程体系中重要的"达人秀"课程发挥其学科素养培养的价值。

我们将英语课本剧融入到各年级中，分别以《英文短剧表演》《英语课本剧》《英文话剧表演》三门课程贯之于四个年级的英语课堂教学中，成为有声有色的英语"达人秀"课程，为"三三四"彩虹课程之中的重要课程门类。

1. 课堂模式的全面优化

（1）动态与个性化的教学策略

实时监控与调整：在课本剧教学过程中，教师可以通过观察学生的表演、语言运用和情感表达，实时监控他们的学习进度和难点。一旦发现有学生存在困难或误区，教师可以及时调整教学策略，提供有针对性的指导和帮助。

个性化教学路径：课本剧教学允许每个学生根据自己的兴趣、能力和学习风格选择合适的角色和任务。这种个性化的教学路径不仅尊重了学生的差异性，还能最大限度地发挥每个学生的潜力和特长。

（2）英语基础知识的掌握

词汇与语法的应用：在课本剧的表演过程中，学生需要运用所学的词汇和语法知识来构建对话和表达情感。这种实际应用场景有助于加深对词汇和语法知识的理解和记忆。例如，在排练过程中，教师可以要求学生注意使用特定的词汇或语法结构来表达角色的情感和思想。学生需要根据剧情和角色需要，灵活运用所学词汇和语法知识，构建出符合语境的对话和表达。通过这种方式，学生不仅能够巩固所学的词汇和语法知识，还能够提高语言运用的准确性和流畅性。

语言运用的准确性：课本剧教学要求学生使用准确的英语表达来呈现角色的思想和情感。在排练过程中，教师可以重点关注学生的发音、语调、语法和词汇使用等方面，及时纠正学生的错误，并指导学生如何正确表达。通过反复练习和调整，学生可以逐渐提高语言运用的准确性，使表演更加自然和流畅。

英语文化的理解：通过课本剧的表演，学生可以更深入地了解英语国家的文化习俗和社会背景。在准备表演的过程中，学生需要研究剧本中涉及的文化元素，如节日、习俗、礼仪等，并尝试将其融入到角色表演中。这种跨文化的体验有助于提升学生的跨文化交际能力，使他们能够更好地理解和适应不同文化背景下的交流环境。

（3）即时的学习反馈

表演中的即时纠正：在课本剧表演过程中，教师和观众可以即时给予表演者反馈，指出他们在语言运用、表情动作、情感表达等方面的不足，并提供纠正建议。这种即时的反馈机制有助于学生迅速发现并改正自己的错误，从而提升英语应用能力。

学习成果的展示与评估：课本剧表演可以作为学生学习成果的一种展示方式。通过表演，学生可以展示自己的语言技能、表演才能和团队协作能力。同时，教师和同学可以根据表演情况对学生的学习成果进行评估，为后续教学提供有针对性的指导。

2. 课程结构的创新性调整与优化

（1）模块化与系统性课程设计

明确的课程模块划分：教师可以将英语课程划分为剧本选择、角色分配、台词学习、排练表演和评价反馈等多个模块。每个模块都有明确的教学目标和活动内容，确保教学的系统性和有序性。

模块间的有机衔接：各个模块之间需要紧密衔接，形成一个完整的教学循环。例如，在排练表演模块中，教师可以提供有针对性的指导和帮助；

在评价反馈模块中，教师可以及时总结学生的学习情况并提供反馈建议。

（2）语言技能的融合与提升

听说读写四项技能的融合：课本剧教学需要将听说读写四项技能有机融合在一起。在剧本创作和台词学习过程中，学生需要运用阅读和写作技能；在排练表演过程中，学生需要运用听说技能进行交流和表达；在观看和评价表演时，学生又可以锻炼听力理解和口语表达能力。

技能提升的渐进性设计：教师可以根据学生的实际情况和学习进度，设计具有渐进性的教学任务和活动。

（3）课程资源的拓展与整合

多元化资源的引入：除了传统的教材和教辅资料外，教师还可以积极引入网络资源、多媒体资源等多元化学习资源。这些资源可以为学生提供更加丰富、多样的学习材料和真实语境，激发他们的学习兴趣和动力。

跨学科资源的整合：课本剧教学可以与其他学科进行有机融合，形成跨学科的教学资源。例如，在剧本创作过程中，教师可以引入历史知识、文化背景等跨学科内容，拓宽学生的知识视野并提升他们的综合素养。

第七章 "三段十环节"初中英语课本剧教学模式的实施

　　"三段十环节"教学模式的内涵，还体现在其对教学效能和学生学习体验的双重关注与优化上。该模式通过精心的教学设计和组织，将教学过程划分为逻辑清晰的三个阶段，并在每个阶段中设置具体的教学环节，以最大限度地提升教学效能。课前阶段的预习和导入，为学生构建学习的基础和兴趣点；课中阶段的互动与探究，让学生在合作与竞争中深化理解，提升学习效果；课后阶段的巩固与拓展，则帮助学生将所学知识内化于心，外化于行。该模式还注重优化学生的学习体验，通过创设生动有趣的教学情境、采用多样化的教学方法、提供个性化的学习支持等方式，让学生在轻松愉悦的氛围中享受学习的乐趣，从而激发他们的学习热情和动力。这种既注重教学效能又关注学习体验的教学模式，无疑为学生的全面发展提供了有力的支撑和保障。

第一节　对提高初中学生英语听说能力的影响

　　"三段十环节"初中英语课本剧教学模式在提高初中学生英语听说能力方面，展现出其独特的教学魅力和深远影响。该模式借助趣味横生的课本剧形式，使学生在角色扮演中深入体验英语交流的实际情境，从而有效增强他们的听说能力。在这一模式下，学生不再是知识的被动接受者，而是成为课堂活动的积极参与者，通过对话、表演等形式，将所学知识灵活应用于实际交流中，既锻炼了口语表达能力，又增强了自信心。在激发学生的创新思维方面，这一模式鼓励他们通过即兴创作等方式展现个人想象力，培养独立思考和解决问题的能力。

　　1. 听说能力在初中英语教学中的重要性

　　（1）听说能力在初中英语教学中对学生综合素质的提升具有显著作用。在英语学习中，听说训练不仅是对语言技能的锻炼，更是对学生综合素质的培养。通过听说训练，学生需要在短时间内理解并回应信息，这锻炼了他们的反应速度和思维敏捷性。同时，在听说过程中，学生还需要运用自己的知识、经验和想象力，这有助于培养他们的创新思维和解决问题的能力。此外，听说训练中的角色扮演、情景模拟等活动，也要求学生具备良好的情感表达能力和团队协作精神，从而提升了他们的综合素质。

　　（2）听说能力在初中英语教学中有助于培养学生的思维能力。在听说过程中，学生需要运用逻辑思维、分析思维和判断思维等多种思维方式来理解和表达信息。通过不断地完成听说训练，学生可以逐渐提高自己的思维能力，形成更加全面、深入的思维习惯。这种思维能力的提升，不仅有助于学生在英语学习中取得更好的成绩，更有助于他们在其他学科的学习，甚至是有助于他们在未来的职业生涯中脱颖而出。

（3）听说能力在初中英语教学中还有助于提高学生的社会适应能力。在现代社会中，良好的听说能力是人际交往和沟通的基础。通过听说训练，学生可以学会如何有效地表达自己的观点和情感，如何理解并尊重他人的意见和感受，从而建立起更加和谐的人际关系。这种社会适应能力的提升，有助于学生在未来的社会生活中更好地融入集体、与他人合作，实现个人价值和社会价值的统一。

（4）听说能力在初中英语教学中也是培养学生自信心和表达能力的重要途径。通过听说训练，学生可以不断地锻炼自己的口语表达和听力理解能力，提高自己的语言素养。当学生在听说方面取得进步时，他们会感到更加自信和有成就感，这有助于激发他们的学习兴趣和积极性。同时，良好的听说能力也使学生在与他人交流时更加自如和得体，提升了他们的个人魅力和影响力。

2. "三段十环节"教学模式在听说教学中的作用

"三段十环节"教学模式在初中英语听说教学中扮演着至关重要的角色，它具体而详尽地指导了教师的教学过程，有助于提升学生的听说能力，并促进其全面发展。

在课前阶段，教师会深入研读教材，根据学生的实际情况和学习目标，制订出详细的听说教学计划。教师会精心选择或设计听说材料，确保这些材料既符合学生的认知水平，又能激发他们的学习兴趣。同时，教师还会利用课前的时间，引导学生对即将学习的内容进行预习，帮助他们提前了解并掌握相关的词汇、句型和背景知识。

进入课中阶段，教师会运用多种教学方法和手段，让学生在轻松愉快的氛围中进行听说训练。在听力环节，教师会采用录音、视频等多种形式的听力材料，引导学生进行听力训练。通过播放不同难度的听力材料，教师可以帮助学生逐渐提高听力理解能力和信息捕捉能力。同时，教师还会教授学生有效的听力策略，如预测、推理和笔记等，帮助他们更好地应对各种听力挑战。

在口语环节，教师会设计丰富多彩的活动，让学生在真实的语境中运用英语进行交流。例如，教师可以组织学生进行即兴演讲，让学生围绕特定主题进行口语表达。这些活动不仅能够提高学生的口语流利度和准确性，还能培养他们的交际能力和自信心。

课中阶段还包括合作学习和互动讨论等环节，教师可以将学生分成小组，让他们围绕特定话题进行讨论和合作完成任务。通过这种方式，学生可以相互学习、相互帮助，共同提高听说能力。同时，教师还会鼓励学生在课堂上积极发言、提出问题，培养他们的主动学习和思考能力。

在课后阶段，教师会根据学生的课堂表现和作业完成情况，进行有针对性的巩固和提升。对于听力理解有困难的学生，教师可以提供额外的听力材料和练习题，帮助他们巩固和提高听力水平；对于口语表达不够流畅的学生，教师可以安排一对一辅导或提供口语练习的录音材料，帮助他们提高口语表达能力。

除了以上具体环节外，"三段十环节"教学模式还注重培养学生的自主学习能力和反思能力。教师会引导学生制订学习计划、设定学习目标以及组织学生进行听说成果的展示和交流，让他们分享自己的学习心得和体会，从而进一步提高听说能力。

通过实施"三段十环节"教学模式，学生的听说能力得到了显著提升。他们的听力理解更加准确，口语表达更加流畅自然。同时，他们的自信心和表达能力也得到了增强，能够更好地与他人进行交流和合作。

3. 具体影响

（1）该教学模式通过课本剧的引入，为学生提供了一个高度仿真的英语听说环境。课本剧以其生动的故事情节和丰富的角色设定，为学生创造了一个真实而有趣的英语交流场景。在这种场景中，学生能够更加自然地接触到英语的实际运用，通过角色扮演和对话练习等方式，全面提升自己的听说能力。这种身临其境的学习方式使学生更加投入，也更容易激发他们的学习兴趣和动力。

（2）该教学模式注重听说结合，有效地促进了学生听说能力的同步发展。在课本剧的表演过程中，学生不仅需要听懂他人的对话，理解剧情的发展，还需要用英语进行表达，将自己的角色和情感准确地传达给观众。这种听说结合的学习方式使学生在实践中不断锻炼自己的听力理解能力和口语表达能力，使他们的听说能力得到同步提升。

（3）该教学模式还通过多样化的教学活动，丰富了听说训练的形式和内容。例如，教师可以利用录音、视频等多媒体手段进行听力训练，帮助学生熟悉不同的语音语调和语速；通过角色扮演、即兴表演等活动，让学生在模拟的真实场景中运用英语进行交流；还可以组织学生完成对话练习、情景模拟等任务，让他们在具体的语境中锻炼听说能力。这些多样化的教学活动不仅使听说训练更加生动有趣，也更能满足学生的个性化需求，提升他们的学习效果。

（4）该教学模式有助于提高学生的语言组织能力。在课本剧的表演过程中，学生需要根据剧情和角色特点，组织合适的语言来表达自己的思想和情感。这种对语言的组织和运用过程，不仅能够提高学生的口语表达能力，还能够培养他们的语言逻辑思维和条理性。

（5）该教学模式也有助于培养学生的情感表达能力。通过角色扮演和对话练习，学生能够更深入地理解角色的情感和内心世界，学会用语言来表达自己的情感。这种情感表达能力的培养不仅有助于提高学生的口语水平，还能够促进他们的人际交往和情感交流能力。

（6）该教学模式还有助于提高学生的英语学习兴趣和持久性。通过参与课本剧的表演和听说训练，学生能够体验到英语学习的乐趣和成就感，从而更加积极地投入到英语学习中。这种积极的学习态度不仅能够提高学生的听说能力，还能够促进他们在其他方面的全面发展，并使他们保持对英语学习的持续兴趣和热情。

第二节　对初中学生学习兴趣、态度、动机和信心的影响

　　初中学生学习英语的兴趣、态度、动机和信心在英语学习过程中具有不可忽视的作用。兴趣能够激发学生对英语学科的好奇心，使他们更加愿意投入时间和精力去学习；积极的学习态度则有助于学生在面对学习困难时保持冷静和耐心，从而更好地解决问题；明确的学习动机能够为学生提供清晰的学习目标，使他们的学习更有方向性和针对性；而信心则能够增强学生在学习过程中的自我认同感和自我效能感，使他们在遇到挑战时能够更加从容应对。因此，教师在英语教学中应注重培养学生的这些积极因素，以有效提升学生的英语学习效果。

　　1. 理论分析

　　（1）人本主义心理学强调个体内在的情感体验与认知过程的交融，认为学习的核心是情感的投入与认知的参与。在"三段十环节"教学模式中，课本剧作为一种创新的教学方法，为学生提供了丰富的情感体验机会。从角色分配、剧情讨论到排练表演，学生需要投入大量的情感去理解角色、体验情节，这种情感投入使学生与学习内容产生深度的连接，增强了他们的学习动力。此外，课本剧中的对话、互动等环节也为学生提供了真实的语言运用场景，使他们在轻松愉快的氛围中掌握英语知识，培养了学习英语的兴趣和积极态度。

　　（2）行为主义学习理论关注外在刺激与内在反应之间的联系，认为学习是通过不断地试错和奖励来强化的。在课本剧教学模式中，教师根据学生的表演情况给予及时的反馈和奖励，如肯定的眼神、鼓励的话语或具体的加分等。这些正向强化手段不仅满足了学生的成就需求，还激发了他

们进一步学习的欲望。同时，教师也会针对学生的不足之处提出具体的改进建议，帮助他们调整学习策略，提高学习效果。这种奖惩机制有助于培养学生的自律性和责任感，使他们在学习过程中保持积极的态度和动机。

（3）成就动机理论指出，个体追求成功的愿望是推动学习的重要动力。在"三段十环节"教学模式中，学生通过参与课本剧的排练和表演，有机会展示自己的才华和成果。当他们成功地完成一个角色、顺利地完成一段对话或得到观众的认可时，他们会体验到一种强烈的成就感，这种成就感进一步增强了他们的自信心和学习动机。此外，教师还可以通过设置不同难度的挑战任务，让学生不断挑战自我、超越自我，从而激发他们的学习潜能和创造力。

（4）从认知心理学的角度来看，"三段十环节"教学模式有助于学生通过具体的实践活动进行深层次的认知加工。在准备和表演课本剧的过程中，学生需要分析角色性格、理解剧情发展、掌握语言表达技巧等，这些活动都涉及到高级的思维过程，如分析、综合、评价等。通过不断地练习和反思，学生的认知结构得到优化和重组，他们的英语水平和思维能力也得到了提升。此外，课本剧教学模式还注重培养学生的合作意识和团队精神，让他们在互动与合作中共同成长，进一步增强了他们的学习信心和积极性。

2. 培养思路

（1）学习兴趣的培养

利用英语歌曲与电影：选择流行且内容健康的英文歌曲，让学生在欣赏的同时学习歌词中的词汇和句型。教师可以设计歌词填空或歌词翻译等教学活动，让学生在互动中感受英语的魅力。对于电影，可以选择适合学生年龄段的经典英语电影片段，让学生通过观看电影了解英语国家的文化，并模仿电影中的对话来提高口语表达能力。

创设英语角或英语俱乐部：英语角或英语俱乐部可以定期在学校图书馆、操场等场所举办。在活动前，教师可以提前告知学生主题，并鼓励学生提前准备相关话题的词汇和句型。活动中，教师可以设置一些游戏环节，如角色扮演、情景对话等，让学生在轻松愉快的氛围中提高英语口语能力。

设计互动游戏与角色扮演：在英语课堂上，教师可以设计一些互动游戏来增加学习的趣味性。例如，利用卡片进行单词配对游戏，或者进行角色扮演游戏，模拟购物、问路等日常场景。这些游戏不仅可以帮助学生巩固所学知识，还可以提高他们的英语应用能力。

（2）学习态度的培养

树立英语学科的重要性意识：教师可以通过讲述英语在现代社会中的广泛应用，如在国际贸易、文化交流、科技进步等方面的重要性，帮助学生认识到学习英语的价值和意义。同时，结合学生的日常生活和未来职业规划，让他们意识到掌握英语将为他们未来的发展带来更多机会。

引导学生制订英语学习计划：教师可以指导学生制订个性化的英语学习计划，包括每天的学习时间、学习内容、学习目标等。同时，教师可以定期检查学生的学习进度，给予适当的指导和建议，帮助学生养成良好的学习习惯。

鼓励合作学习与互助精神：在英语教学中，教师可以采用小组合作学习的方式，让学生共同完成任务、互相答疑。通过合作学习，学生不仅可以提高学习效率，还可以培养团队合作精神和互助精神。教师可以设置一些需要小组合作才能完成的任务，如共同编写英语短剧、合作完成英语报告等，让学生在合作中感受到团队的力量。

（3）学习动机的激发

设定明确的英语学习目标：教师可以与学生一起设定明确的英语学习目标，如提高英语成绩、通过英语等级考试、参加英语竞赛等。同时，为达到目标设定相应的奖励机制，如颁发证书、给予物质奖励等，以激发学生的学习动力。

组织英语竞赛与展示活动：教师可以定期组织英语演讲比赛、写作比赛、单词拼写比赛等竞赛活动，让学生在竞赛中展示自己的英语能力。同时，还可以组织英语角成果展示、英语剧表演等展示活动，让学生展示自己的学习成果和进步。这些活动不仅可以激发学生的竞争意识，还可以提高他们的自信心和表达能力。

利用现代科技手段辅助教学：教师可以利用多媒体教学工具、在线学习平台等现代科技手段，为学生提供丰富多样的英语学习资源和学习方式。例如，利用在线学习平台进行自主学习、利用英语学习APP进行口语练习等。这些现代科技手段可以让学生更加便捷地学习英语，提高他们的学习兴趣和效率。

（4）学习信心的建立

及时给予学生正面的反馈：在英语教学中，教师应及时给予学生正面的反馈和评价。当学生回答问题正确、作业完成出色或取得进步时，教师应及时表达赞赏和鼓励。同时，对于学生的学习困难和错误，教师应以包容和耐心的态度进行指导，帮助学生克服困难，增强自信心。

提供个性化的英语学习辅导：针对英语学习困难的学生，教师应提供个性化的辅导和支持。通过深入了解学生的学习需求和困难点，教师可以制订有针对性的教学计划，帮助学生找到适合自己的学习方法和策略。同时，教师还可以为学生提供一些额外的学习资源和建议，以帮助他们提高学习成绩和自信心。

分享英语学习成功经验：教师可以邀请英语学习成绩优秀的学生分享他们的学习经验和方法，让其他学生从中受益。这些成功经验可以涉及学习技巧、时间管理、自律性等方面。同时，鼓励学生记录自己的英语学习过程和成功经验，以便回顾和总结。通过分享和记录成功经验，学生可以更加清晰地认识到自己的成长和进步，从而增强自信心和学习动力。

3.具体影响

"三段十环节"初中英语课本剧教学模式以其独特的教学理念和活动形式，对初中学生的学习兴趣、态度、动机和信心产生了深远的影响，并在实际应用中展现出极高的价值。

（1）这一教学模式极大地激发了学生的学习兴趣。通过课本剧的形式，英语学习变得生动有趣，不再是枯燥乏味的语言学习。学生们在研读教材、编写剧本、扮演角色的过程中，充分感受到了英语的魅力，从而更加愿意投入时间和精力去学习。这种寓教于乐的方式使得英语学习变得充满乐趣，学生们在轻松愉快的氛围中掌握了知识，提高了能力。

（2）该教学模式有助于塑造学生积极的学习态度。在课本剧教学模式中，学生们需要认真对待每一个角色、每一句台词，通过不断地排练和修改，不断完善自己的表演。这种严谨的学习态度不仅体现在课本剧的排练过程中，更贯穿于学生的日常学习中。他们开始更加主动地参与课堂讨论，积极发言，勇于表达自己的观点；在课后，他们也会自觉地进行复习和预习，努力提高自己的英语水平。这种积极主动的学习态度不仅有助于提高学生的学习成绩，更有助于培养他们的自主学习能力和终身学习的习惯。

（3）在激发学习动机方面，该教学模式同样发挥着重要作用。通过课本剧的表演，学生们有机会展示自己的才华和进步，得到老师和同学的认可和赞扬。这种正面的反馈让学生感到自己的努力得到了回报，从而进一步激发了他们的学习动机。此外，课本剧教学模式还注重培养学生的团队合作精神和竞争意识。在排练和演出过程中，学生们需要与同伴密切合作，共同完成任务；同时，他们也需要与其他团队竞争，争取更好的成绩。这种合作与竞争的环境让学生们更加珍惜每一次学习机会，努力提升自己的能力，以取得更好的成绩。

（4）该教学模式还显著提升了学生的学习信心。在课本剧教学模式中，学生们通过不断地练习和表演，逐渐克服了语言障碍和表演恐惧，提高了自己的英语水平和表演技巧。这种实践性的学习方式让学生有机会展示自己的进步和成果，从而增强了他们的自信心。通过与其他同学的合作与交流，学生们也可以相互学习、相互鼓励，共同进步。这种积极的学习氛围让学生更加自信地面对英语学习中的挑战和困难，相信自己能够取得更好的成绩。

该教学模式的应用价值体现得尤为深刻和广泛。它不仅仅是一种教学方法，更是学生英语实践能力提升的有效途径。通过课本剧的排演，学生们能够在真实的语境中运用英语，深入体验语言的魅力，从而更加深入地理解并掌握语言知识。这种学习方式使得英语学习不再是单调的词汇记忆和语法规则学习，而是变得生动有趣，让学生们在轻松愉快的氛围中提升英语应用能力。

在课本剧的排演过程中，学生们需要编写剧本、塑造角色、设计场景道具等，这些活动不仅锻炼了他们的阅读理解能力、创造力和想象力，还提升了他们的沟通能力、团队协作能力和解决问题的能力。这种综合性的学习方式使得学生们能够在许多方面得到成长，为他们的未来发展奠定坚实的基础。

这一教学模式为校园文化生活注入了新的活力，通过举办课本剧表演活动，学校能够为学生提供一个展示自我、实现价值的平台，让学生们有机会展示自己的才华和魅力。这种活动不仅能够增强学校的文化氛围和凝聚力，还能够让学生们更加热爱学校、热爱生活，从而更加积极地投入到学习中去。

第三节 基于"三段十环节"的初中英语课本剧教学实践案例——以鲁教版八年级下册Unit 1为例

我们将信息技术支持下的课本剧教学模式进行了系统的梳理和总结，形成了"三段十环节"的课本剧教学模式。

通过多年的课本剧教学实践，我们发现"三段十环节"的课本剧教学模式具有广泛的适用性，基本能够满足每个教学单元的教学需求。每个单元的课本剧教学的大致流程如下：首先，教师通过整体研读单元教学语篇，结合单元话题，明确本单元的课本剧展演任务，并通过课前预习学习单的形式告知学生本单元的课本剧展演主题。学生在了解课本剧展演主题后，在本单元的学习过程中，不断内化和积累语言，为本单元的课本剧展演做好准备。最后，在单元教学活动结束后，学生进行课本剧教学展示。以课本剧编演作为贯穿单元学习的主线和任务，驱动任务，激发兴趣，产生单元学习的内驱力。

1. "三段十环节"指导下的课本剧教学设计与实施

以鲁教版八年级下册Unit 1为例。

（1）准备阶段

①语篇研读

本单元围绕People we admire这一主题展开，涉及六个语篇，包括四个对话语篇和两个短文语篇。我们把教材中这六个语篇的顺序做了调整，设计在了本单元的五个课时中：对话语篇一为一个课时，对话语篇二三为一个课时，对话语篇四为一个课时，短文语篇一为一个课时，短文语篇二为一个课时。语法教学贯穿到每个课时中，进行学练结合。

对话语篇一（Section A, 1b）是四组学生关于四位国际运动明星的讨论，讨论的四位明星分别为科比、李娜、叶诗文和梅西。对话中使用的高频句型为"Who's that?"和"When was he/she born?"

对话语篇二（Section A, 2a, 2b）是两名学生对于美国魔术家大卫·布莱恩的讨论，讨论的内容为大卫·布莱恩站在冰盒和高塔上的起止时间和持续时间，重点句型为how long和when引导的问句。

对话语篇三（Section A, 2d）是两名学生对于电视节目中的一个街头艺人的讨论，重点句型为when和how old引导的问句。

对话语篇四（Section B, 1c, 1d）是祖母与孙子的对话，谈论了奶奶所仰慕的日本小提琴家宓多里。

短文语篇一（Section A, 3b）是鲁迅的人物传记，用传记的文体讲述了鲁迅的生平。语篇第一段对鲁迅进行了简单的介绍，第二段和第三段具体介绍了鲁迅的生平经历。最后一段介绍了鲁迅的影响。

短文语篇二（Section B, 2b）是一篇肖邦的人物传记，语篇讲述了肖邦从幼年起直到晚年的主要人生经历。

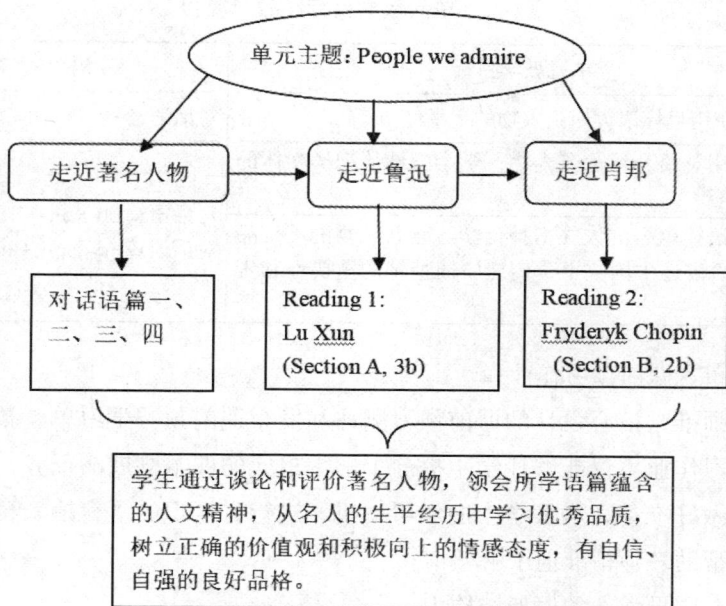

图7-1　单元语篇内容框架图

②明确单元教学目标和教学任务

教师基于语篇研读和学情分析,进行单元整体教学规划,明确本单元的教学目标,设计本单元的课本剧教学任务。

本单元的学习内容涵盖了多位名人,如莫言、肖邦、约翰·列侬等,本单元的教学目标为"talk about famous people",因此,我们将本单元的教学任务设计为《与名人对话》的talk show活动。学生需要在完成本单元学习活动后,结合本单元所学的名人和自己所了解的名人,开展课本剧展演。

表7-1　单元教学目标和教学篇目

单元教学目标	语篇
1. 学会使用目标语言谈论人物的生平经历	对话语篇一、二、三、四
2. 学会用英语介绍著名人物，学会归纳传记类文体的文体特征	对话语篇Lu Xun 对话语篇Fryderyk Chopin
3. 领会语篇蕴含的人文精神，学习著名人物的美好品质。领悟讲述中国故事，传递中国精神的重要性和责任感	

③布置课前预习作业

教师推送精心设计的课前预习测评和发布课前预习学习单。教师布置课前预习作业不仅能够让学生提前了解本单元的课本剧展演任务，引导学生提前做好准备，触发学生的学习动机，进行有意识的语言输入，也能够很好地帮助教师精准地了解学情。

课本剧导学案的框架结构为：

话题背景：每个人都有自己的偶像和崇拜的英雄，你崇拜的偶像是谁呢？他们有什么精神内涵值得我们学习和弘扬？如果有机会，你想和自己的偶像面对面吗？在接下来的课堂之旅中，我们将首先认识篮球明星Kobe Bryant、阿根廷著名足球运动员Lionel Mess、美国街头魔术师David Blaine以及中国网球运动员李娜、国家游泳运动员叶诗文，让我们开启一次跨越时空的对话吧。

知识储备：

When were you born? I was born in December, 1982.

When was he born? He was born on April, 4, 1993.

when I was four years old/at the age of 4

in one's later years/in one's last years

be called the poet of piano

His spirit continues to live in his works today.

剧意创作：

主编任务：

每一位同学都有崇拜的名人，这些名人有哪些不同寻常的事迹呢？以"与古今名人对话"为主题，合理想象，运用本单元所学英语目标语言，创作一个精彩的课本剧吧。

情景小贴士：

a. 场景说明：（展开想象，自主构思。可以模仿记者采访名人，做一个名人访谈；也可以发挥想象，穿越到所敬佩的名人生活的年代，与名人进行对话等。）

b. 角色分配：（例如，记者和名人）

c. 剧本台词：（参考课本中鲁迅、肖邦、约翰·列侬等人物的介绍）

……

（2）授课阶段

在授课阶段，教师基于主题情境分课时开展教学活动，每一课时的教学都层层递进、环环相扣，促进学生语言内化，为本单元课本剧的"编-导-演-评"做好铺垫。接下来，笔者以本单元第四课时阅读课Lu Xun为例展开课时教学的叙述。

①创设情境，交流对鲁迅的认识

教师播放"讲好中国故事"的宣传视频，并提出本节课的任务——"为更好地讲好中国故事，本节课我们要进行《与鲁迅先生穿越古今的对话》的课本剧展演活动"。

首先，教师提出问题"What do you know about Lu Xun?"通过头脑风暴，学生交流自己对鲁迅的了解，也能够从同伴的分享中获得更多关于鲁迅的信息。

接下来，教师继续追问"What do you want to know about Lu Xun?"激活学生对"未知"的渴望，激发学生的好奇心和求知欲。

【设计意图】教师通过头脑风暴活动，激活学生的"已知"，并通过分享、交流和提问活动，激活学生的"想知"，让学生发现认知差距，形成学习期待。

②基于语篇，获取鲁迅的基本信息

教师呈现教学文本，并提出以下问题：

Who is Lu Xun?

Which paragraphs are mainly about Lu Xun's stories?

学生通过阅读加深对鲁迅的了解，从文章中了解到"Lu Xun is one of the greatest modern writers in China. Lu Xun is a leading figure of modern Chinese literature."

教师通过解读"modern writer"，引导学生关注到鲁迅是一名优秀的"现代作家"这个身份。教师引导学生回顾鲁迅生活的时代背景，铺垫必要的背景知识，帮助学生更好地理解鲁迅的生平，加深学生对于文章的理解。

接下来，教师提出问题：

Why did Lu Xun study medicine in Japan?

Why did he drop out of the medical school and return to China?

通过阅读，学生分别梳理出鲁迅"学医"和"弃医"的原因，并引导学生分析出鲁迅从"拯救国人的身体"到"拯救国人的精神"的思想转变。

接下来，教师继续追问"What did Lu Xun do after returning to China?"学生通过阅读了解到鲁迅"文字救国"的历程。

接下来，教师通过环环相扣的追问策略引导学生不断深入阅读，了解鲁迅的影响。

【设计意图】教师通过层层递进的问题链设计，能够逐步加深学生对于语篇的理解，也能够很好地帮助学生把握文章的主线，形成结构化思维，为接下来的活动做铺垫。

③深入语篇，分析、感悟并学习鲁迅的精神品质

回顾语篇，教师引导学生思考"What do you think of Lu Xun? Why do you think so?"学生结合鲁迅的生平，分析鲁迅的精神品质。教师引导学生分析鲁迅的精神品质，有助于进一步加深学生对鲁迅的认知，提升学生的爱国主义精神和坚定学生的文化自信。

④梳理语篇，讲好鲁迅故事

学生通过阅读，以思维导图的方式进行梳理、概括和整合鲁迅的生平，形成结构化思维。接下来，学生结合思维导图进行语言梳理，实现用英语讲好鲁迅故事的教学目标，实现语言的进一步内化，为接下来的课本剧展演做好扎实的语言储备。

【设计意图】以思维导图的形式梳理鲁迅生平的活动方式体现了自主学习的活动理念，不仅能够帮助学生内化语言知识，也有助于将学生思维由"发散"转向"集中"，同时能够激发学生对知识的探索，激发学生学习的内驱力。

⑤超越语篇，与鲁迅对话

教师呈现本节课的任务：为让更多人了解鲁迅和鲁迅精神，本节课将进行课本剧《与鲁迅先生穿越古今的对话》的课堂输出展示，实现用英语讲好中国故事的学习目标。

以上是本单元Lu Xun这一课时的课时教学设计。单元内每一课时的教学都是以精心设计的方式，不断促进学生的语言输入，帮助学生内化目标语言，为单元展示课上的课本剧表演做准备。

（3）单元成果展示阶段

在单元教学活动结束后，我们会进行单元学习成果展示和评价——课本剧展演活动。学生在开始本单元学习活动前，在单元预习学习单上，已经了解到了本单元的课本剧展演主题，并在单元内每个课时的学习活动中不断内化和积累语言素材，为单元成果展示做准备。

在学生筹备课本剧展演前，教师分别呈现编写和展示阶段的评价量表并提出要求，学生根据要求开展剧本编写和排练。

表7-2　英语课本剧编写和组内排练评价标准

项目	标准	评价
剧本编写要求	1.课本剧编写应由小组内同学合作完成，并进行反复打磨	
	2.剧本语言准确丰富，无语言错误	
	3.剧本情节合理丰富，有创新点和突破点	
剧本排练要求	4.角色扮演者们台词表述准确，语音语调准确连贯	
	5.演员表演得当，能体现出情节发展，并帮助观众理解台词	

表7-3　英语课本剧展演评价表

项目	标准	评价
语言	1.语音准确，语调连贯，表达准确，语言流畅	
表演	2.表演准确得当，情节衔接连贯，有吸引力和创造力，语言与表演相符	
合作	3.组内成员分工明确，积极参与，互相配合	

在课本剧的编写和排练阶段，教师进行有效的指导、答疑并提出改进建议，帮助学生有效开展课本剧的编写和排练。

我们的课本剧成果展示活动形式主要分为两种，一是现场展演，即学生在本单元的单元成果展示课上以现场展演的方式进行成果汇报；二是视频录制，即学生课后自主选择课本剧展演场地，在完成视频录制后将剪辑好的视频录制并上传到校内平台进行展播和评选，学生按照评价量表进行点评。

2.单元教学反思

针对本单元的课本剧教学，笔者进行了深入的反思，并总结如下：

（1）体现了单元教学的整体性

本单元教学设计以"People we admire"为主题，教师结合学生的认知逻辑和生活经验，对单元内容进行了必要的整合和重组，建立了单元内各语篇育人功能之间的联系，以单元教学目标为统领，组织各语篇教学内容，规划系列教学活动，实施单元持续性评价。以课本剧的形式开展的单元整体教学设计突出了单元教学的整体性，有助于培养学生的高阶思维品质。

（2）让学习真正发生

本单元教师设计了真实情境下的真实的教学任务——开展《与古今名人对话》的课本剧展示。针对这个任务，笔者设计了一系列联系紧密、由浅入深的单元教学活动，引导学生将课堂所学应用于真实问题的解决，做到了让学习真实发生。在剧本编写过程中，学生结合教材文本和课外阅读素材进行了大量语言加工，将教材语言加工为服务于课本剧展演的语言，实现了语言的迁移创新和意义建构，这一过程能够极大地提高学生的信息加工能力和语言运用能力，培养了学生的高阶思维品质。此外，课本剧的编写、导演、展示和评价过程能够极大地提升学生的合作能力和问题解决能力，能够极大地提升学生的综合素养。

（3）激发学生学习动机

教师以课本剧教学的方式开展教学为学生提供了在真实情境下解决真实问题的锻炼机会，让学生能够体验用英语进行真实创作的快乐，能够极大地带动学生的学习热情和提高学生的问题解决能力和合作能力。通过课本剧教学的有效开展，不仅激发了学生的学习的动机，提升了学生在真实情境中的语言运用能力，也很好地实现了课堂知识的内化应用和迁移创新，发展了学生的创造性思维。

课本剧教学倡导"以学生为中心"，注重学生进行主动探索和合作学习，鼓励学生"做中学"和"用中学"，有助于培养学生的迁移创新能力。课本剧以其独特的优势，不仅能够极大地激发学生的学习兴趣，帮助学生获得积极的学习体验，也能够有效地解决教学中普遍存在的内容碎片化和教学活动浅表化等问题。同时，课本剧教学的有效开展能够很好地激发学生的语言表达能力，促进学生的团队合作能力，培养学生的批判性思维和创造性思维，有效培养学生在真实情境中解决实际问题的能力，并且能够开阔学生视野和拓展学生思维。

第四节 "三段十环节"初中英语课本剧教学模式的实施效果

"三段十环节"初中英语课本剧教学模式通过剧本编写、角色塑造、台词演练、舞台表演等有序环节，全面提升了学生的英语应用能力和综合素质。学生在这一过程中积极参与，深入体验，不仅锻炼了英语听说读写技能，还培养了团队协作精神和创造力。该模式的实施，为初中英语教学提供了新的思路和方法，有效促进了学生的全面发展。

1. 效果分析

（1）在知识掌握与技能提升方面，该教学模式的实施为学生提供了一个全新的学习体验。学生更加主动地参与到学习中来，提高了他们的学习兴趣和动力。在角色分配和台词排练环节，学生需要通过多次的朗读、背诵和演练，熟悉并掌握台词，无形中就提高了他们的口语表达和听力理解能力。舞台表演要求学生具备良好的情感传达能力，通过表情、动作和声音来传递角色的情感和思想，这进一步锻炼了学生的情感表达能力。

（2）在自信心与自我表达能力的提升方面，该教学模式为学生提供了一个展示自我、提升自信的平台。在角色分配和排练过程中，学生需要克服紧张情绪，勇敢地站在舞台上表演。通过多次的排练和表演，学生能够逐渐克服自卑和胆怯，变得更加自信和从容。课本剧的表演形式鼓励学生积极表达自己的观点和情感，通过角色扮演，学生能够更好地理解和体验不同人物的情感，进而提升自我表达能力。

（3）在校园文化建设与活动丰富性方面，该教学模式的实施为校园文化建设注入了新的活力。为了更好地展示学生的表演成果，学校采取了视频拍摄和上传平台公映的方式。这种方式不仅让更多的人能够欣赏到学生的精彩表演，还提高了学生的自信心和表达能力。通过举办课本剧电影节和展播活动，学校进一步扩大了活动的影响力，吸引了更多师生的关注和参与。

2. 应用价值与前景

（1）知识与技能的高效提升

新技术，特别是智能教学平台和在线学习工具，为学生提供了高效、便捷的学习途径。这些平台通常拥有丰富的学习资源，包括视频教程、互动练习、模拟测试等，可以帮助学生快速掌握知识点。同时，智能评估系统通过实时收集学生的学习数据，为教师提供精准的教学反馈。教师可以根据这些数据，及时调整教学策略，确保教学内容与学生需求高度匹配，从而实现知识与技能的高效提升。

（2）个性化学习路径的定制

通过大数据分析，我们可以深入了解每个学生的学习特点和兴趣。智能教学系统可以根据学生的学习进度和能力，为他们制订个性化的学习计划，推荐适合的学习资源和练习题目，帮助他们逐步提升自己的学习水平。

（3）情感表达与沟通能力的锻炼

课本剧活动为学生提供了一个展示自我、表达情感的舞台。在排练和表演过程中，学生需要深入理解角色的情感和动机，通过语言、表情和动作将其表达出来。这种情感表达的过程不仅有助于培养学生的同理心和共情能力，还能提升他们的沟通技巧和人际交往能力。同时，通过与不同角色的合作与交流，学生还能学会如何在团队中发挥自己的优势，如何与他人协作解决问题，这对于他们未来的职业发展和社会适应具有重要意义。

（4）学习共同体与团队协作能力的培养

"三段十环节"教学模式强调学习共同体的构建。在课本剧排练过程中，学生需要共同研讨剧本、分配角色、设计表演等。这些活动需要学生之间的密切合作和相互支持，从而促进了学习共同体的形成。通过团队协作，学生学会了如何倾听他人的意见、尊重他人的观点、协调团队内部的矛盾，培养了团队协作能力和合作精神。同时，这种学习方式还有助于提高学生的社会适应能力和人际交往能力。

（5）技术与教育深度融合的创新实践

新技术为教育教学带来了无限可能。在"三段十环节"教学模式中，我们积极探索新技术与教育的深度融合。例如，利用人工智能技术，我们可以为学生提供个性化的学习建议和反馈，帮助他们更好地理解和掌握知识点。新技术的应用不仅丰富了教学手段和内容，还提高了学生的学习兴趣和参与度，推动了教育教学的创新和发展。

（6）学生中心与自主学习能力的强化

在"三段十环节"教学模式中，学生始终处于中心地位。教师不再是单纯的知识传授者，而是成为学生学习过程中的引导者和支持者。教师鼓励学生积极参与学习过程，主动探究和解决问题。同时，教师还注重培养学生的自主学习能力。通过引导学生制订学习计划、监控学习进度、反思学习成果等方式，教师帮助学生逐步形成自主学习的习惯和能力。这种以学生为中心的教学方式有助于培养学生的主动性和创造性，为他们未来的学习和发展奠定坚实的基础。

3.注意事项

"三段十环节"初中英语课本剧教学模式以其独特的创新性和实践性，为英语教学注入了新的活力。但在实际教学中，为了确保该模式的有效实施并取得预期效果，教师需要深入关注以下几个方面，并在实际操作中做出相应的调整和优化。

（1）合理安排教学时间，确保研讨活动的有效性

在课业繁重的背景下，教师要合理安排教学时间，为课本剧教学模式的实施留出足够的空间。可以利用每周固定的时间，如课后或自习时间，组织课题组成员进行研讨活动。同时，为了确保研讨活动的有效性，教师需要提前制订详细的研讨计划，明确讨论的主题和目标，引导课题组成员进行有针对性的讨论。此外，还可以利用网络平台，如微信群、QQ群

等，随时随地进行线上交流，分享教学心得和遇到的问题，保持研讨活动的连续性。

（2）转变学生学习观念，激发学习兴趣

在实施课本剧教学模式时，教师要注重转变学生的学习观念。要引导学生认识到课本剧教学不仅是一种学习方式，更是一种提高英语应用能力和综合素质的有效途径。为此，教师可以通过展示课本剧表演的精彩片段、分享成功的案例等方式，激发学生的学习兴趣和积极性。同时，在排练和表演过程中，教师要给予学生充分的肯定和鼓励，帮助他们增强自信心和学习动力。此外，教师还可以结合学生的实际情况，设计一些具有挑战性的任务，让学生在完成任务的过程中不断提升自己的英语应用能力。

（3）保持教师认知层次的一致性，确保教学质量的稳定

在实施课本剧教学模式时，保持教师认知层次的一致性至关重要。学校可以组织相关的培训和学习活动，帮助教师深入了解课本剧教学的理念、方法和目标。同时，还可以邀请经验丰富的教师分享他们的教学经验和成功案例，为教师提供可借鉴的范例。此外，教师之间也可以相互学习、交流心得，共同提高教学水平。为了确保教学质量的稳定，学校还可以建立教学质量监控机制，定期对课本剧教学进行评估和反馈，及时发现问题并进行改进。

（4）注重与其他教学活动的结合，形成多样化的英语学习氛围

课本剧教学模式并不是孤立的，它可以与其他教学活动相结合，共同促进学生的英语学习。例如，在进行课本剧排练的同时，教师可以安排相关的写作任务，让学生根据剧本创作故事或续写结局；还可以组织阅读活动，引导学生阅读相关的英文原著或文章，以加深对剧本的理解。此外，还可以与口语教学相结合，让学生在排练过程中进行角色扮演和对话练习，提高口语表达能力。通过与其他教学活动的结合，可以形成多样化的英语学习氛围，让学生在不同的学习场景中运用英语，提高英语应用能力。

参考文献

[1] 慈秋梅. 课本剧在初中英语教学中的作用[J]. 新教育时代电子杂志（学生版），2020.

[2] 杨鸿雁. 初中英语课堂引入戏剧教育的思考[J]. 教学与管理, 2014.

[3] 徐俊. 教育戏剧的定义："教育戏剧学"的概念基石[J]. 湖南师范大学教育科学学报, 2014.

[4] 汪静雯. 教育戏剧在初中英语教学中的应用研究[D]. 上海师范大学硕士专业学位论文, 2018.

[5] 徐俊. 关于教育戏剧的语词、定义与划分的再思考[J]. 基础教育, 2017.

[6] 洪珊瑚. 英文儿童戏剧表演课程教学实践探索[J]. 闽西职业技术学院学报, 2023（2）: 114.

[7] 陈明珠. "动作"还是"行动"？——亚里士多德《诗术》的"戏剧性"论述[J]. 艺术学研究, 2022.

[8] 王世赟. 教育戏剧为何风靡全球[N]. 中国教师报, 2019.

[9] 杨慧琳. 教育戏剧的应用研究[M]. 上海: 上海交通大学出版社, 2020.

[10] 彭怡玢. 身体与学习: 具身认知视域下的教育戏剧[J]. 龙岩学院学报, 2019.

[11] 张晓华. 教育戏剧理论与发展[M]. 新北: 心理出版社, 2010.

[12] 付钰. 国际教育戏剧研究的现状与热点——基于WOS的文献计量分析[J]. 外国中小学教育, 2018.

[13] 张金梅. 我国学前儿童戏剧教育的范式分析[J]. 西北师大学报（社会科学版）, 2017.

[14] 雷晓彤. 教育戏剧与英文绘本整合的三种教学模式[J]. 当代教育家, 2022.

[15] 张金梅. 生长戏剧：学前儿童戏剧经验的有机建构[J]. 学前教育研究, 2019.

[16] 王琳琳, 邓猛. 西方教育戏剧的发展沿革与实施[J]. 比较教育研究, 2019.

[17] 王毅. 学校教育戏剧研究——从"英美经验"到"中国实践"[D]. 华东师范大学博士学位论文, 2019.

[18] 张朗朗. 戏剧教学法在英国中学语言教学中的应用研究——以Dundonald high School为例[D]. 西南大学硕士学位论文, 2012.

[19] 惠幼莲. 把科学性与艺术性相统一的英语小剧教学[J]. 现代教育论丛, 2007.

[20] 夏敏. 课本剧在英语教学中的应用[D]. 华东师范大学硕士学位论文, 2009.

[21] 李春雷. 课本剧表演在英语教学中的运用——"going home"课堂表演实录和点评[J]. 教师, 2010.

[22] 陈静. 浅析英语课本剧在初中英语教学中的运用[J]. 成功：（教育版）, 2011.

[23] 戴小斐. 英语课本剧促进英语跨文化意识的培养——校本探索之英语课本剧的开发[J]. 校园英语：教研版, 2012.

[24] 毛慧. 从以内容为依托教学模式看课本剧在基础英语课程教学中的应用[J]. 安徽文学（下半月）, 2013.

[25] 高京丽. 激发高中艺术生英语阅读兴趣的策略[J]. 河北师范大学硕士学位论文, 2011.

[26] 孟昭毅. 主题学在德国的发生学意蕴[J]. 天津师范大学学报（社会科学版），2022.

[27] 包翠菊, 金志成. 建构主义学习理论探析[J]. 社会心理科学, 2004.

[28] 詹全旺. 话语分析的哲学基础——建构主义认识论[J]. 外语学刊, 2006.

[29] 顾宏. 实地有效阅读　提升写作能力——《牛津高中英语》读写结合的一些思考与尝试[J]. 英语教师, 2015.

[30] 邓国丽. 基于初中生思维品质提升的创编英语课本剧教学[J]. 基础教育外语教学研究, 2022.

[31] 刘爱花. 课堂目标结构理论与大学英语自主学习能力的培养[J]. 群文天地, 2011.

[32] 朱怡. 维果斯基"最近发展区"理论及其对幼儿园教育教学的启示[J]. 好家长（创新教育），2019.

[33] 朱宁波, 王志勇. 论深度教学的理论逻辑——基于杜威经验主义知识论视觉[J]. 当代教育科学, 2021.

[34] 张烨, 宋喜霞. 中小学心理健康教育的境遇尴尬与实践突围[J]. 江苏教育（教育管理），2015.

[35] 郑蕊. 双向的教育功用——读教育家杜威的"从做中学"有感[J]. 新教育, 2016.

[36] 中华人民共和国教育部. 义务教育英语课程标准: 2022年版[M]. 北京: 北京师范大学出版社, 2022.

附 录

教"活"的英语，让课堂"动"起来
——英语课本剧课堂教学模式探索之路

摘 要： 心理学告诉我们："兴趣是人们力求认识某种事物的心理倾向性。"通俗地讲，就是人喜欢某种事物，它就具有强烈的内在驱动力。

关键词： 英语 课堂 课本剧

随着年级的增长、学习内容和知识量的增加以及难度的增大，很多学生对英语由最初的带有新鲜感逐渐失去兴趣。于是我们的英语课堂变得越来越安静，课堂活动的参与度变得越来越低，学生的分化越来越明显，学生对机械对话的操练越来越懈怠。面对困惑，我们不得不思考：如何激发学生的学习兴趣，帮助学生形成学习动力，把学生从"要我学"转变为"我要学"。如何激活学生强烈的参与愿望，引导学生在英语教学过程中主动学习、自主探究，进行创意思维。如何做到面向全体学生，面向学生的全面发展，尊重和善待学生的个体差异，让每个层面的学生都有所收获。

一、在思考中探索，在探索中发现

国内著名教学专家王才仁曾指出：语言是一种活动，学生学习语言必须动起来：动嘴、动手、动脚，只有这样才能收到好的效果。这种活动首先是把文字活化为话语；把教材内容活化为实际生活；把教学活化为交际。然后就是行动：人的主体意识动；人的身体器官动。于是，我们想到了用英语课本剧来完成教学。"英语课本剧"是一种活动着的教学方式。而我们就是要以教材为蓝本，以课堂为舞台，让课本剧成为我们常规的教学模式。

初二的下学期，笔者开始在自己任教的两个班级中选取一个班作为试验班，一个班作为对比班，正式进行了课本剧英语教学模式的实验。期末考试时，将两个班级的成绩进行对比，班级的平均分差距由原来的2.7分拉大到7.8分，试验班的优势非常明显。这让我们确信，这样的学习形式是受欢迎的，只要有了兴趣，学生的潜力是无穷的。

初三上学期，课本剧课堂教学模式开始作为备课组的研讨课题在全年级英语教学中全面研讨。初三教材增加了Reading部分。每一个单元的长篇阅读材料，无论是对于学生的学，还是对于教师的教来说都很有难度。我们把课本剧的编排素材确定为Reading的课文内容。备课组编制预习导学案，引导学生在完成课本剧编排的同时主动地完成对文章的预习和对知识内容的掌握。我们把阅读教学的两个课时分成两个部分。第一课时前以预习作业的形式下发Reading泛读导学案。必做作业部分设置不同的泛读理解任务，循序渐进地引导学生运用不同的阅读策略自主阅读，使学生对文章深入理解。选做部分指导学优生有效利用规定时间进行知识点的积累。在课堂上对阅读理解加以矫正，以小组讨论、教师答疑的形式对选做部分的知识点进行梳理。第二部分就是课本剧的编写、排演、展示与评价。

二、关于课本剧课堂教学的组织形式

新课程的核心理念之一就是"为了每一位学生的发展"。课堂教学就是学生积极参与，自己探索并且不断获得发展的一个过程。每节课都应该让学生有实实在在的认知收获和或多或少的生命感悟。小组合作教学为这一目标的实现提供了舞台。我们的课本剧教学小组实行四人小组制，采用"组内异质"，即每个小组中都分布着不同学习基础的学生，便于他们分工合作，帮扶共进，落实差异，分层施教；采用"组间同质"，即每个小组的总体学习能力和水平是平衡一致的，便于合理评价，公平竞争。在这样一个学习的共同体中，学生有着共同的学习目标，他们自主、合作、共享，小组成员为了集体的荣誉而努力贡献自己的才能和智慧。也可以说，尽可能优质地完成学习任务成了每个人的责任。有了责任，学生的学习兴趣就会从短暂走向长久。通过实践，我们可以得出这样一个结论：小组合作的适当运用对于提高英语教学效果，尤其是对于英语基础较差的学生群体来说作用更大，效果更明显。

三、关于课本剧预习导学案

课本剧预习导学案分为三个环节：一是"话题背景"，展示本单元话题及相应的文化背景常识。"温故驿站"里再次出现第一部分学过的、本节课本剧中可能用到的重点短语和句型。二是"创意剧作"，这一环节分为两个部分：主编任务和非主编选做。主编任务主要由基础较好、学习能力较强的学生承担，在情景提示下进行四人剧本的编写，由组长确定主编人选。其他学生可以挑战主编任务，也可以选择非主编选做任务。非主编选做再次细化分层，"美文佳作"主要加强优生基础知识的巩固，"声文并茂"实际上是我们听写方面的创新尝试。学生在课前上交导学案，由教师批改，并对剧本进行逐一订正修改。三是"收获盘点"，引导学生既注重基础知识，又注重交际技能，并及时进行学后反思，进行重难点积累，也便于教师了解学生的困惑。

四、关于课堂教学和反馈单

在进行课本剧课堂教学时下发课堂反馈单。课堂反馈单大致分为：测一测、演一演、说一说三个部分，其实也是课本剧课堂教学的三个授课环节。

1. "测一测"环节既是对Reading中基础知识掌握情况的反馈和听力能力的训练，也是学生有声作业成果的展示。这也是我们创新听写训练模式的一点尝试，将作为论题论述。

2. "演一演"环节是本节课的主要环节，一般用时25～30分钟。小组排练一般规定在5～10分钟内完成，接下来进行课本剧的展示。说到排练，也许有人会质疑，5～10分钟到底够不够用，其实如果我们深入校园，经常会在课余时间里看到我们的学生在讨论角色、对台词，会看到上课从来不开口的学生在组长的教导下一个词一个词地说句子。这就是兴趣的驱动。课堂反馈单上的"演一演"同时也是给观众分配的角色，"我来做评委"要求学生在观看别的小组的表演时从语音语调、知识应用、情景设置、表现能力四个方面对别人的表演进行评价。这既是对编剧、表演者的要求和引领，又杜绝了观众可能出现的看热闹、不严肃等通常课堂表演时会出现的情况，评价表的结果对优秀小组的评选起着决定性的作用，如此神圣的一票，每个人都会认真对待，并会被要求当场口头点评。小组表演结束之后学生会根据自己的表演内容设置两个问题对观众进行提问。如此，演员和观众相互制约，紧张并快乐着，在用中学，在学中用。

3. "说一说"环节被叫作"成果小背篓"。热热闹闹一节课，最终要落实到学习的目标上，让学生盘点收获，体验成长。经过了初二的探索、初三的实践，我校的英语课本剧课堂教学模式已经走出了探索之路，现作为国家课程校本化课题在全校英语教研组开展研究。初一的课堂教学已经初步证实了英语课本剧课堂教学在起始年级的可行性。①

---

① 参见崔秀梅. 教"活"的英语，让课堂"动"起来——英语课本剧课堂教学模式探索之路[J]. 中学课程资源，2014（03）：42.

[参考文献]

[1] 胡春洞, 王才仁. 英语学习论[M]. 南宁: 广西教育出版社, 1996: 3.

用实践诠释作业的内涵
——中学英语综合实践性作业改革探究

　　摘　要： 在新课标的落实中，新的教学评价体系得到了充实和完善，作业改革必将成为教学改革的延伸。它不但可以检验教师们的教学效果，还能进一步巩固学生在课堂上所收获的知识，指导学生们富有创造性地学习，真正体现以学生为主体性的发展。

　　关键词： 中学英语；综合实践；作业改革

　　英语作为语言学科，其根本教学目的就是培养学生的语言交际能力和学生对于该种语言的文化意识。基于级部学生的年龄特征和心理特点，我在英语综合实践性作业的设置方面进行了探索和改革。下面阐述的是我校开展2011届英语综合实践性作业改革的一些具体做法。

一、进行文化探究型作业资源开发

　　初一下学期，我校承担了"以学案导学为载体的教材主题深化研究"的小课题研究，进行课堂资源开发。我和课题组成员一道，充分利用外教资源，对教材内容进行文化层面的发掘，让实践作业开始注重对于西方文化的探究。学生课外利用网络资源进行材料的搜集和整理，课上采用小组合作的方式进行信息的交流和整合，及时为学生搭建语言实践的平台。通过英语剧的展示，让学生们深度了解西方的节日文化，培养学生们对艺术欣赏的水平，提高学生们对英语文化了解的兴趣和语言艺术欣赏水平。学期末，以级部为单位，由外教口语老师组织培训，并全场主持了"哈利·波特"精彩剧集的续写创作展示。参赛同学积极参与,表演形式多种多样,成功地营造了英语学习氛围,提高了学生的英语口语水平,使学生进一步领略了西方文化的内涵,并给学生提供了自我展示的舞台,得到了学生的欢迎和家长的好评。

二、开展综合艺术型作业实践活动

初二上学期,为使英语实践活动更加贴近学生的生活,学校课题组以"开发区实验中学2010级第一届英语文化艺术节"为主线,将英语综合实践活动贯穿于整个学期。该项活动共分为四个阶段:

7~8月份为资料采集筹备月:暑假期间,以学案导学为依托,引导学生以听、读、查、写为手段进行材料的搜集和整理。

9月份为班级展示海选月:利用英语综合实践课,由外教和英语教师共同组织,在班级内部以小组合作的方式对个人材料进行整合、展示,对个人作业和小组合作能力进行评价,推选精品作业和优秀展示小组。并推选优秀活动主持人参加级部主持人海选。

10~12月份为级部精品展示月:该阶段分为三季,第一季:同唱一首歌英语歌曲合唱比赛;第二季:我型我秀英语故事沙龙;第三季:文化节综艺活动暨圣诞联欢会。每次舞台活动均由外教和学生穿插主持,圣诞联欢活动内容异彩纷呈,主要采取舞台剧的形式。在整场演出中,学生们以自己的方式演绎了《灰姑娘》《匹诺曹》《小红帽》等经典童话,还以自己独特的视角从中国传统文化中发掘出《荆轲刺秦王》等素材,用自己的丰富想象和英文对白重新诠释了这些故事,使不同层面的学生均能受到激励,获得发展。

三、用"课本剧"打造"综艺文化课堂"

为了进一步探索"以学案导学为载体的教材主题深化研究",让平面的课本生动起来,让严肃的课堂活跃起来,我校通过深化教材主题内容,让学生们加深对教材内容的理解,提升学生们的交际能力、协作能力和英语综合运用能力。初二下学期，学校展开了"快乐英语show——英语课本剧的创作与展示"的课题研究，并以此为主线制订了本学期英语综合实践作业计划，坚持用"课本剧"打造"综艺文化课堂"。

1. 准备阶段：学生自学，并创作出自己的小剧本。在寒假中，以实践性作业形式给学生布置准备工作。内容是：

（1）在"剧本引领导学案"的帮助下，通过自主学习，初步认知每个Unit的语言交际功能，写出一个和本单元Topic相联系的剧本。

（2）在条件允许的情况下，可以采取小组合作模式，编写剧本，进行角色表演。做到作业中有文字，有声音，有行动，有合作。

2. 提高阶段：学生初二英语组五名英语教师共同研究，结合教材每单元的具体内容，确定学生自主学习、合作探究的主题，精心编写"问题引领导学案"，引导学生自主学习，独立探究，小组交流研讨、合作探究、实践总结，不断充实自己的剧本。

3. 班级展示阶段：继续打造"综艺文化课堂"，给学生一个展示"课本剧"的舞台。通过综合实践活动课堂，学生表演自己小组集体协作后形成的剧本，并选拔出优秀的剧本和表演者。学生通过耳濡目染的表演交流，能及时地提高剧本的质量和表演的水准，共同进步。

4. 信息整合阶段：学生把独立的单元剧改变成融会贯通的综合剧。最后确定的剧本内容涵盖所学的多个单元的内容，思维空间更广阔。这也是我们实践活动作业的成果展示。

5. 优秀成果展示

（1）优秀剧本展评。

（2）以级部为单位开展"快乐英语show"表演。

四、评价与激励：

1. 过程性评价：

（1）搜集整理信息能力评价：分为ABCD四个等级，为个人评价。

（2）小组合作能力评价：分为ABCD四个等级，为小组捆绑评价。

（3）信息整合能力评价：分为ABCD四个等级，为小组捆绑评价。

（4）成果展示评价：分为ABCD四个等级，为小组捆绑评价。

2. 主题综合评价：

材料收集评价、合作交流评价、信息整合评价、成果展示评价，每项评价A折合25分，B折合20分，C折合15分，D折合10分，取其积分之和。通过这种评价方式，使有不同优势的学生们都能被激励。

总之，要为提高教学质量服务，作业的设计要面向全体的学生；要从发展学生们创造性思维能力、有效激发和培养学生们学习英语的兴趣以及形成一定英语运用能力出发。世上本没有路，走的人多了，便也成了路，我校的作业教学改革之路正在脚下延伸。①

①参见崔秀梅. 用实践诠释作业的内涵——中学英语综合实践性作业改革探究[J]. 生活教育，2014（12）：82-83.

借助信息技术进行初中精准教学的策略

摘　要： 文章在综合各位学者的观点之后，认为精准教学作为一种方法论，在教学中可以作为一种评估方法与其他教学方法相结合，还可以作为单独的教学方法采用独特的模式进行教学，并且精准教学最鲜明的特点就是结合具体的数据，而信息技术可以作为获取数据的手段。精准教学在尊重学生个性的基础上，可以精准地分析学生的学习状况以及学习偏好，进而确定教学目标，设定教学环节，设计教学过程等。

关键词： 信息技术；初中精准教学；策略

课题项目： 烟台市教育科学"十四五"规划中小学教师信息技术应用能力提升工程2.0专项课题"信息技术支持下基于个性化差异的初中精准教学策略研究"（XXJSYY046）。

中图分类号： G424；G434文献标识码：A文章编号：2095-624X（2021）47-0070-03

当前网络社会的形成已经成为社会发展大趋势，信息技术的发展逐渐渗透到社会的各个方面，对各行业都产生了重要影响。其中在教学方面，信息技术的引进改变了传统的教学方式，使教师能够通过信息技术的优势为学生展示丰富的教学资源，开阔学生的学习视野，培养学生的创造力和创新思维。这就要求初中教师充分认识和分析初中教学现状，结合当前存在的问题，借助信息技术进行精准教学，有针对性地解决教学问题，从而完善初中课堂教学，促进学生的快速发展。

一、精准教学的新时代内涵

（一）传统教学向精准教学模式的转变

传统的教学模式以教师为主体，采取"5+4模式"，其构成可以分为两个方面，其一是教师方面教的5个步骤，包括备课、讲课、提问、布置作业、批改作业；其二是学生方面学的4个步骤，包括预习、听讲、回答问题、完成作业。连接教与学的方式是课前、课中、课后持续发展的课堂教学循环。以上两个方面、一个连接方式，构成了传统的教学模式，在这当中，容易出现教师忽略学生的需求以及个性化发展的问题，也就是所谓的"一刀切"，加上教师存在模糊的经验化判断，导致教学难以实现学生的个性化。

随着信息技术在教育中的普遍应用及数据与教学的深切融合，传统的教学流程的内在结构也发生了改变。当前初中教学所面临的问题主要是：如何利用信息技术手段挖掘教育数据的价值，提高教学实践的质量，落实个性化的教学思想和目标，根据学生的学习能力匹配适合其发展的个性化教学方式？在中小学教师信息技术应用能力提升工程2.0扎实推进的背景下，通过"信息技术支持下基于个性化差异的初中精准教学策略研究"课题，拟探索一整套信息技术支持下的初中精准教学课程实施模式。

为达到理想的教学效果，精准教学中教师的教将变成9个步骤（学情分析、教学设计、资源发布、情境创设、新任务下达、个性化指导、精讲点评、个性化推送、针对性辅导），学生的学也变成了8个步骤（作业与自学、课前交流、展现分享、合作探究、巩固提升、随堂测试、完成作业、总结反思），促使师生之间的互动交流更加频繁，不再是单方向地传授知识。由此，将依照"9+8模式"的课堂教学流程，将精准教学课程实施模式落实于实践当中，由课前、课中、课后三个环节出发，从学情分析、测验与练习、创造性学习与表达和个别化指导四个层面入手选择合适的信息技术手段开展有针对性的教学实践活动。

通过对传统的"5+4模式"和精准教学"9+8模式"的理论模型进行

分析和整合，围绕以学生为中心，融合渗透信息技术于初中各学科，以课前、课中、课后为维度，以学生、教师为主体，阐述信息技术背景下的初中精准教学策略的流程模式，以此促进学生的个性化发展。

（二）精准教学的意义

教育信息化时代，在大数据、云计算、物联网等新兴技术的推动下，精准教学开始朝智能化、精细化的方向逐步转型。信息技术精准教学承继了传统精准教学强调的"学习者最清楚"原则，但在智能信息技术的支持下，学习行为已不再停留于可直接观察的层面，如借助生物识别技术，可以实现对学习者生理和心理状态的捕捉和分析，从而为过程性评价和预测性分析提供更多可参考的依据。与此同时，教育数据的用途也呈现出多样化的特点，如学习管理系统中的学习型数据可以用于分析和预测学习者的发展趋势，及时发布学习预警并进行有针对性的教学干预；而借助射频识别技术或生物识别技术收集的管理型数据则可以用于分析校园生活的现状和问题，帮助学校提升教育管理工作的科学性和实效性。

二、借助信息技术实现初中精准教学的策略探析

（一）运用信息技术分析，在课堂中渗透精准教学

精准教学是为了让每个学生都可以了解自身的初中各学科基础知识的掌握情况和应用程度而推广的教学理念。传统的课堂活动主要分为课前预习、课上讲解、课后复习、学习评价。信息技术精准教学的引入，可以帮助教师及时地分析学生的知识掌握情况，迅速解决教学中遇到的问题，照顾到所有学生的学习能力和接受水平。比如在软件后台发现学生多次观看某一章节的教学视频和学术资料时，教师就会了解到，学生对这一章节存在一些学习难点或者有学习的兴趣。在咨询过学生的学习情况后，教师可以对这一章节进行精准教学，对这一章节知识点进行有针对性的讲解和总结，定向指导，满足学生的求知欲望。课后复习时，教师也可以通过信息技术利用教学辅助工具来对学生进行综合测试，然后利用软件阅卷功能的分析结果对学生的课后作业进行二次分析，进一步了解学习难点，帮助学

生巩固课堂知识，不断引导学生形成正确的解题思路，加深理解。比如在每个月末，教师可以利用互联网平台在网络上出一套卷子让学生在规定的时间内完成，以此来检测学生一个月内的各学科学习成果。然后再通过信息技术对学生的检测结果进行分析，既可以减轻教师的工作负担，还可以更清晰地找到学生的薄弱点，对其着重讲解。

（二）利用信息技术分析功能，科学优化教学模式

初中教师可以以学生的实际学习情况为基础，在信息技术的时代背景下，对教学模式加以科学地优化和改进。将信息技术应用于精准教学中，教师可以使用各大资源平台以及相关学习辅助软件，借助软件中的微课功能来帮助学生更加轻松地完成课前的预习及课后的复习巩固。教师要让学生在各学科课堂中可以充分发挥自己的主观能动性，如此反复，形成良性循环，逐渐让学生树立自己学习的自信。教师可以利用信息技术软件的分析功能，对学生课堂上所学知识的掌握情况进行了解，为自己的教学方法提供参考数据。教师可以利用学习软件的纠错认错功能来对学生在课堂上所学知识的掌握情况进行检测和考查。软件会自动分析出每道题做错人数的比例，甚至还会精确到每个选项选择人数的比例，让教师清楚地认识到学生的不足之处，方便教师及时改进教学模式，优化教学方法，充分挖掘学生的学习天赋，进一步实现精准教学。

（三）利用信息技术分析结果，巩固复习成果

初中学习的整体框架涵盖了初中所有的知识，需要学生由浅入深，一步一个脚印慢慢学习。前面基础知识的学习，是为后面解决难题的思路奠定基础，而后续学到的知识又进一步巩固了前面奠定的基础。而教师要做的就是帮助学生将这些知识点串接起来，从而达到融会贯通的效果。教师应该在指导学生学习理论知识的同时，重视复习课程工作的开展，可以参考信息技术软件的分析结果，重点复习学生掌握较为薄弱的知识点。利用学习软件的分析能力对学生的课后作业数据进行二次分析，汇总学生的错题和错因，在复习课上集中进行二次讲解，对学生的错因着重解释和强调。配套的智能平台可以同时生成学生个性化的"错题本"，并推送相关练习进一步巩固，培养学生自主纠错能力和形成思维体系，全面实现精准教学。

（四）依靠信息技术系统，精准布置课后作业

教师布置课后作业时有针对性地考虑学生的短板或长处，很难缩小学生的差距，发挥学生的特长。在信息技术支持下，教师可以依靠分析系统，对不同程度的学生进行有针对性的课后作业布置，更大程度地巩固初中教学的质量。比如，教师在讲解完本堂课的内容后，对不同学生展现出的不同问题，可以通过信息技术系统对学生进行有针对性的课后辅导，随后再布置出不同的课后作业，让学生加强薄弱环节。这样一来，不仅可以让学生在做作业时对不太熟练的知识进行二次巩固，还能锻炼学生灵活应用知识点能力，最终达到精准教学的目标，将精准教学的理念系统地贯彻到教学活动中。

（五）应用信息技术系统，快速捕捉学生的易错点

随着科技的飞速发展，信息技术系统已经实现了全程跟踪、实时反映、逐题分析等一系列教学功能。教师可以通过科学地应用信息技术系统迅速找到整个班的高错题及易错题，甚至还可以查阅出这些错题所涵盖的一系列知识点。相对于传统教学过程中存在难以了解学生的短板等一系列问题而言，信息技术时代背景下的教学模式更加有针对性。教师可以直接应用信息技术系统分析出来的高错题和易错题来对学生进行二次考查，在巩固学生对知识初步掌握的同时提高教学质量。教师可以随时了解自己班级学生的学习瓶颈和短板，并且及时辅导和改善，针对学生学习状况进行二次辅导。教师充分做到因材施教，既抓住了学生不好理解的重难点知识，还提高了课堂教学效率，深入贯彻了精准教学理念。

三、借助信息技术进行初中精准教学的阶段性成果

（一）形成精准教学技术资源库

结合现有研究发现，精准教学的实施必须依托于对学习过程数据的采集与分析，因此部分研究将移动终端视为实施精准教学的必要平台。但是

考虑到现实条件的限制，目前的学生家长对网络硬件设备的监控意识和监控力度存在差异，学校硬件设备也难以全面普及，导致大部分的技术手段无法顺利地应用于校内，信息技术应用能力提升工程2.0的整校推进恰好促进了以上问题的解决。选取信息技术应用能力提升工程2.0提供的30个微能力点中的A1技术支持的学情分析、B1技术支持的测验与练习、C4技术支持的学生创造性学习与表达、C5技术支持的基于数据的个别化指导这四个微能力点，在已有软件当中筛选出与之相关的信息技术手段和工具，形成了精准教学技术资源库，为教师掌握学情、实施精准教学提供了技术参考。

（二）精准教学课堂教学流程具体结构设计

第一，课前。教师可以通过平台了解学生初中各学科的学习情况，针对收集上来的信息做出学情统计，以学生的课前预习以及课前讨论作数据支撑，以便能够有计划地布置课前任务。学生将预习中出现的问题反馈给教师后，教师可以进入教学设计环节，当中需要教师利用信息查询、演示文稿、微课制作等信息技术完成对教学过程的设计。除此之外，学生与教师之间的某些信息可以进行互通，例如教师布置的课前预习任务及注意事项，学生的不解之处，可以通过企业微信、QQ及时进行交流。

第二，课中。教师在进入课题导入环节时，可以充分利用演示文稿与微课展现分享课堂的内容，通过合作探究的方式开展教学时，可以将导学案和评价量规的内容向学生进行任务推送。而随堂测试环节，教师可以利用Plickers、问卷星等工具对学生进行测验推送，形成个性化指导，能够即时了解学生对知识的掌握情况。有了这些工具的辅助后，教师能够轻松实现精讲与点评，从而实现精准教学，帮助学生更好地巩固和提升。

第三，课后。教师可以利用问卷收集上来的学生测验情况，有针对性地为学生布置课后作业，作业的传送方式可以是小管家、企业微信等支持学生创造性学习与表达的工具，也可以将作业布置在微课中，学生只有看完微课才能知悉作业的要求。待学生完成作业提交后，教师统一进行批改，然后借助知识图谱等工具统计学生对这节课知识点的掌握情况，形成大数据进行存储，便于各学科之间调取、交流和使用。教师将作业的批改情况反馈给学生，并形成个性化评价，能使学生更加认真地反馈自身问题，这个过程就做到了个性问题、个性作业、个性评价、个性反思。

结语

现代信息技术不仅为课堂教学提供了丰富的媒体资源和多样化的辅助手段，还提供了移动学习、线上教学、翻转课堂和混合教学等更加灵活便捷的教学方式。基于信息融合的精准教学模式能够借助网络教学平台、大数据、人工智能等现代信息技术，精准地分析每个学生的学习数据。教师要掌握每个学生的精准学情，针对每个学生开展精准分层、精准设问、精准解决等活动，为每个学生提供精准辅导，让因材施教真正落地。①

[参考文献]

[1] 祝智庭, 彭红超. 信息技术支持的高效知识教学: 激发精准教学的活力[J]. 中国电化教育, 2016(1): 18-25.

[2] 彭红超, 祝智庭. 以测辅学: 智慧教育境域中精准教学的核心机制[J]. 电化教育研究, 2017(3): 94-103.

[3] 付达杰, 唐琳. 基于大数据的精准教学模式探究[J]. 现代教育技术, 2017(7): 12-18.

[4] 吴伟. 精准教学的历史与反思[D]. 杭州: 浙江师范大学, 2020.

[5] 秦丹, 张立新. 问题与优化: 课堂精准教学实践的现实审视与反思[J]. 电化教育研究, 2019(11): 63-69, 77.

[6] 梁美凤. "精准教学"探析[J]. 福建基础教育研究, 2016(6): 4-7.

①参见崔秀梅. 借助信息技术进行初中精准教学的策略[J]. 求知导刊, 2021(47): 70-72.

基于学科核心素养进阶的初中教学策略探析

学校对基于学科核心素养进阶的初中教学策略进行探讨，目的是形成对核心素养培育的体系化研究。

一是对初中学科核心素养的一体化进阶进行分类。进阶分类的初步设想为：学习理解—应用实践—迁移创新，进而融合大单元教学和深度学习理论推行具体对策。

第一，细化研究每一类不同学科的核心素养影响因素，进行"基本知识+基本能力+基础素养+高阶思维"一体化培养策略的探索。第二，依托"研究课—家常课—观摩课"三课共进的形式，与"巡课—跟课—诊课"相结合，采取教研组通案、备课组共案、教师个案相结合的备课方式。第三，通过具体教学内容，尝试实践新的教学模式，深化"家常课"研究。第四，组织教学"大比武"活动、公开课、示范课，及时发现典型、培塑典型。

二是研究初中学科核心素养的进阶课堂策略。注重学科核心素养的落实与达成，关注学生的差异化发展，走向务实的课堂策略研究。第一，目标前置策略。精读教材，将如何确定合理的学科活动促进目标的达成、知晓目标是否达成等问题贯穿目标设定的全过程，关注目标分解与学科活动的选择。第二，优质情境的创设策略。引发思考和学习的欲望，均属于情境。如生活情境、问题情境、故事情境等，信息技术的强大，为复杂情境的呈现提供了可能。

第三，优质问题设计与处理策略。要充分地给学生营造独立学习过程体验的时间和空间，让课堂科学留白。教师善于设计大问题，不琐碎，善于候答。

第四，构建三清课堂策略。提出"堂堂清，人人清，项项清"是一节课是否成功的标志。严格做到差异性设计教学目标，为不同层次的学生设计不同的训练题目。

第五，发现解决真实问题策略。完善巡课、跟课、诊课机制，高度重视青年教师常态课建设，并进行专项督察；对起始年级的学科教学进行专项研究，为学生的长远发展奠定基础。[①]

---

①参见崔秀梅. 基于学科核心素养进阶的初中教学策略探析[J]. 中国教育学刊, 2023（02）: 105.

结　语

本书深入探讨了初中英语课本剧教学模式的各个方面，不仅揭示了其深厚的理论基础，还展示了它在实践中的广泛应用和显著效果。通过一系列精心挑选的案例分析与实践研究，我们进一步认识到课本剧教学在初中英语教学中的独特魅力和实践价值。

课本剧教学，作为一种创新的教学方式，极大地激发了学生对英语学习的热情和兴趣，在模拟的真实情境中，学生们通过角色扮演，积极主动地参与到学习过程中，不仅提升了他们的英语语言能力，还让他们在表演中感受到了英语的魅力，进一步增强了他们的学习自信心和动力。课本剧教学在培养学生的语言组织能力、表达能力及运用能力方面也发挥了重要作用，学生们在排练和表演的过程中，需要深入理解角色、推敲台词，这不仅锻炼了他们的口语表达能力，还提高了他们的语言组织能力。通过与同伴的协作，学生们学会了如何与他人有效沟通，培养了良好的团队协作精神。

然而，尽管课本剧教学模式具有诸多优势，但在推广与实施过程中也面临一些挑战。在教学实践中，挑战主要来源于两个方面。一是教师对教材的掌握、理解和整合能力——目标语言及基础知识重难点的夯实、教材内容及任务活动的整合、教学时间及课堂环节的设计，尤其关键的是创作任务的设置与反馈，以及编演过程的指导和管理；二是学生对课本剧编演活动的实践能力——课余时间的安排和编演录制的条件。此外，如何平衡教学与娱乐的关系，确保学生在享受表演乐趣的同时达到学习的目的，也是我们需要深入思考的问题。

　　考虑到不同地区、不同学校的教学条件与师资力量的差异，课本剧教学模式的推广与应用也需因地制宜。我们需要根据各校的实际情况，灵活调整教学策略，使课本剧教学能够更好地适应不同学校的教学需求。

　　展望未来，我们对初中英语课本剧教学模式的发展充满信心。随着教育改革的不断推进和教育技术的不断创新，我们相信未来的初中英语课本剧教学将更加完善、高效和富有成效。我们期待广大教育工作者能够继续探索、创新，将课本剧教学与其他教学手段相结合，构建更加完善的英语教学体系，为初中英语教学的发展注入新的活力。